Udo Schmidt

Tanzen ist Musik

(3. Auflage)

Musiktheorie und Tanztheorie
für Turniertänzer, Hobbytänzer,
Tanzlehrer und Tanzsporttrainer

Udo Schmidt
Willringhauser Str. 6
58256 Ennepetal

CIP-Kurztitelaufnahme der deutschen Bibliothek

Schmidt, Udo:
Tanzen ist Musik - Musiktheorie und Tanztheorie für Turniertänzer,
Hobbytänzer, Tanzlehrer und Tanzsporttrainer,
3., völlig neu bearbeitete und erweiterte Auflage
von Udo Schmidt. - Düsseldorf: Deutscher Tanzbuchverlag dtb 2001
ISBN 3-9807607-0-7

Das Werk ist urheberrechtlich geschützt. Die dadurch begründeten Rechte, insbesondere die der Übersetzung, des Nachdrucks, der Funksendung, der Wiedergabe auf photomechanischem oder ähnlichem Wege sowie der Speicherung und Auswertung in Datenverarbeitungsanlagen, bleiben auch bei auszugsweiser Verwertung vorbehalten. Werden mit schriftlicher Einwilligung des Verlages einzelne Vervielfältigungsstücke für gewerbliche Zwecke hergestellt, ist an den Verlag die nach § 54 Abs. 2 Urh.G. zu zahlende Vergütung zu entrichten, über deren Höhe der Verlag Auskunft gibt.

© 2001 Deutscher Tanzbuchverlag dtb OHG, Düsseldorf

Druck: Druckhaus Goergens e.K., Moers
Umschlag: Sonja Kampczyk, FKK Design
Fotos: U.H. Mayer, Fotodesigner BFF

ISBN 3-9807607-0-7

Inhaltsverzeichnis

I. Einleitung 5

II. Allgemeine Musiktheorie 9

  1. Das Metrum 9
    1.1 Takte und Taktarten 9
    1.2 Auftakt 13
    1.3 Synkope 15
    1.4 Phrasierung 17

  2. Der Rhythmus 19
    2.1 Rhythmus 19
    2.2 Polyrhythmik 33

  3. Metrum - Rhythmus - Tempo 41

III. Wie tanzt man zur Musik ? 46

  1. Tanzen zum Metrum 48

  2. Tanzen zum Rhythmus 49

  3. Tanzen in der Phrasierung 54

IV. Tanzmusik 57

  1. Die Musikinstrumente 57

  2. Beschreibung der Musik 63
    2.1 Samba, die Musik 65
    2.2 Rumba, die Musik 70
    2.3 Cha-Cha-Cha, die Musik 74
    2.4 Jive, die Musik 79
    2.5 Paso Doble, die Musik 84
    2.6 Langsamer Walzer, die Musik 88
    2.7 Wiener Walzer, die Musik 91
    2.8 Slowfox, die Musik 94
    2.9 Quickstep, die Musik 97
    2.10 Tango, die Musik 101

V. Tanztheorie 106

  1. Grundlagen tänzerischer Bewegung 106

  2. Beschreibung der Tänze 109
    2.1 Langsamer Walzer, der Tanz 110
    2.2 Wiener Walzer, der Tanz 116
    2.3 Slowfox, der Tanz 118
    2.4 Quickstep, der Tanz 121
    2.5 Rumba, der Tanz 124
    2.6 Cha-Cha-Cha, der Tanz 127
    2.7 Samba, der Tanz 130
    2.8 Jive, der Tanz 136
    2.9 Paso Doble, der Tanz 141
    2.10 Tango, der Tanz 145

VI. Anhang 148

  1. Was tanzt man? 148

  2. Die Atmosphäre eines Tanzes 150

  3. Auswahl von Musikstücken 151

  4. Anzählen, Mitzählen und Mitdenken 152

VII. Nachwort 156

VIII. Literatur- und Quellenverzeichnis 157

I. Einleitung

Bei meiner Arbeit als Tanzlehrer, besonders aber bei der Arbeit mit Tanzsportlern bzw. Turniertänzern, werden täglich Fragen an mich gestellt. Manchmal fragen meine Schüler, häufig sind es jedoch Fragen, die ich mir selbst stellen muß, Fragen, die sich jeder, der als Tanzlehrer oder Trainer arbeitet, stellen muß, wenn er sich gewissenhaft mit dem Tanzsport beschäftigt. Bei den Fragen der Schüler geht es meistens darum, wie man dieses oder jenes macht, also wie man tanzt. Bei den Fragen, die sich ein Trainer selbst stellt, geht es hauptsächlich darum, warum man es so und nicht anders macht.

Es kann viele Gründe geben, bestimmte Dinge beim Tanzen auf eine bestimmte Art und Weise zu machen:

Manchmal ist der Grund die Optik oder der Effekt. Man macht also Dinge auf diese oder jene Art, damit das Tanzen schön bzw. attraktiv aussieht oder um den Zuschauer zu beeindrucken.

Manchmal ist es die Anatomie, das heißt, daß gewisse Bewegungen oder Dinge der Haltung aufgrund des menschlichen Körperbaus nicht anders möglich sind.

Manchmal ist der Grund die Paarharmonie, das soll heißen, daß jeder Partner seine Bewegungen so ausführen muß, daß auch der jeweils andere Partner die gleiche, ähnliche bzw. dazu passende Bewegung bei entsprechender Haltung ausführen kann.

Auch die Ökonomie ist manchmal Grund für eine bestimmte Ausführung der Bewegung oder Haltung. Man versucht auch beim Tanzen seine Kraft oder Energie möglichst wirtschaftlich bzw. rationell einzusetzen.

Ein wichtiger Grund für viele Dinge ist die Tradition. Das soll heißen, daß man viele Dinge beim Tanzen so und nicht anders macht, weil sie schon vorher oder 'schon immer' so gemacht worden sind, oder weil andere, bzw. bessere Paare es auch so machen. Das Tanzen hat sich also durch Ausprobieren, vor allem aber durch Abschauen weiterentwickelt, und so ist es auch heute noch.

Die Gründe dafür, warum sich bestimmte Schrittmuster, Figuren, Variationen, Bewegungsabläufe oder Tanzhaltungen im Laufe der Zeit durchgesetzt und zu dem entwickelt haben, was sie heute sind, andere jedoch wieder von der Tanzfläche verschwanden, sind die gleichen, die schon erwähnt wurden: die Optik, die Anatomie, die Harmonie und viele andere mehr.

Der wichtigste und entscheidendste Grund für alles, was mit tänzerischer Bewegung zusammenhängt, ist die Musik. Tanzen ist Musik durch Bewegung, das heißt, die (hörbare) Musik ist die Grundlage für fast alles, was wir beim Turnier- oder Gesellschaftstanz tun. Zum Tanzen braucht man Musik. Um das Tanzen zu verstehen, benötigt man Kenntnisse über die Musik. In unseren

Technikbüchern finden wir über die Musik nicht viel. In den Büchern über Musik wiederum steht nichts darüber, wie man dazu tanzt, selbst in Büchern über Tanzmusik sind bestenfalls ein paar Schrittmuster oder Schrittfolgen angegeben. Dieser Mangel hat mich dazu veranlaßt, dieses Buch zu schreiben.

Meiner Ansicht nach messen viele Menschen, die durch ihre Tätigkeit, sei es als Turniertänzer, Wertungsrichter, Turnierleiter oder auch als Funktionär, Tanzlehrer, Übungsleiter oder Trainer, dem Tanzsport eng verbunden sind, der Musik zu wenig Bedeutung bei. Wir müssen uns der Tatsache bewußt sein, daß unser Sport ohne Musik völlig sinnlos, ja unmöglich ist. Leider versuchen immer wieder Leute aus den oben erwähnten Bereichen, mich vom Gegenteil zu überzeugen:

Der Turnierleiter, der, nachdem er die Endrunde eines Standardturniers zu Cha-Cha-Cha-Musik hatte Tango tanzen lassen, voller Stolz über das Mikrofon verkündete, das sei ja ein toller Tango gewesen, dazu hätte man auch Cha-Cha-Cha tanzen können.

Oder der Wertungsrichterkollege, der mir allen Ernstes riet, in der Samba gar nicht erst auf die unterschiedlichen Rhythmen zu achten; damit käme man in Teufels Küche.

Oder die Turnierpaare, die ohne einen Hauch des Zweifels zu Tango-Musik Paso Doble tanzen, zu Blues-Musik den Wiener Walzer oder zu Foxtrott-Musik den Jive, Hauptsache das Tempo stimmt.

Wer so mit Tanz und Musik umgeht, der sollte es bleiben lassen: das Werten, das Trainieren, das Turnierleiten oder das Tanzen selbst.

Dieses Buch soll dazu beitragen, solche Dinge, wie sie leider momentan an der Tagesordnung sind, in Zukunft zu verhindern.

In diesem Buch ist all das über Musik zusammengetragen, was für Tänzer wissenswert ist. Darüber hinaus werden in diesem Buch die Zusammenhänge zwischen Musik und tänzerischer Bewegung konkret erläutert. Es wird also beschrieben, wie man sich bewegen muß, um die Musik optimal zu interpretieren, bzw. daß wir die Musik optimal interpretieren, wenn wir so tanzen, wie es in unseren Technikbüchern steht. Um diese Zusammenhänge aufzuzeigen, muß zuerst einmal die Musik der einzelnen Tänze genauer untersucht und beschrieben werden. Es muß erklärt werden, was in der Musik den einzelnen Tanz ausmacht, bzw. was die einzelnen Tänze unterscheidet. Und das ist sicherlich mehr als nur die Taktart und das Tempo. Denn sonst würde die Samba zum Jive, wenn man sie nur schnell genug abspielt.

Zunächst sind einige allgemeine Bemerkungen über Musik notwendig, um ein gewisses 'Handwerkszeug' zu haben, gewisse Begriffe und Ausdrücke richtig benutzen und verstehen zu können. Das ist im wesentlichen all das, was mit Takt, Rhythmus und Tempo zusammenhängt. Diese tanzsportspezifische

Musiktheorie beschränkt sich auf das, was für Tänzer relevant ist. Die Aspekte der Musik, die keinen Einfluß auf tänzerische Bewegung haben, werden hier nicht berücksichtigt.

Folgendes kann, soll und wird dieses Buch nicht leisten:

Dieses Buch ist keine Anweisung für Musiker, sondern es soll Informationen für Tänzer liefern. Die angeführten Rhythmen sind Beispiele und keine Vorschriften.

Dieses Buch ist keine neue 'Technik'. Es soll aufzeigen, daß die Technik, die wir benutzen, zur Musik paßt.

Drittens kann ich im Rahmen dieses Buches nicht ausführlich auf die geschichtliche Entwicklung von Tanz und Musik eingehen. Bücher, die sich damit beschäftigen, gibt es bereits. Einige werden im Literaturverzeichnis erwähnt.

Mit der Arbeit, die mit diesem Buch verbunden ist, möchte ich drei Dinge erreichen:

Erstens möchte ich natürlich, daß möglichst viele Leute das Buch lesen und daraus einen praktischen Nutzen für ihr eigenes Tanzen oder ihren Tanzunterricht ziehen.

Zweitens möchte ich das Bewußtsein all jener Tänzer ansprechen, die beim Training ihre Augen ausschließlich dem Spiegel zuwenden, dabei die ausgefallensten Schrittkombinationen mit den wildesten Körperbewegungen aufs Parkett legen und die Musik beim Tanzen, wenn überhaupt, nur noch sehr oberflächlich berühren. Der Tanzsport ist nicht das 'Zur-Schau-Stellen' des Körpers, sondern die Kunst, diesen zur Musik zu bewegen. Vielen Tänzern ist nicht bewußt, daß die Grundschritte unserer zehn Tänze nicht deshalb die Grundschritte sind, weil sie die einfachsten Figuren sind, sondern weil sie am besten zur Musik passen. Daß die Grundschritte nicht die einfachsten Figuren sind, müßte jeder wissen, der schon einmal versucht hat, einen Federschritt oder eine Linksdrehung im Slowfox, eine Rechtsdrehung oder einen Wischer im Langsamen Walzer, einen Botafogo in der Samba oder einen Rumba-Walk zu tanzen. Daß die Grundschritte am besten zur Musik passen, wird in diesem Buch erläutert. Mit 'den Grundschritten' sind alle Figuren, Schritte, Bewegungen und Variationen gemeint, die in den Technikbüchern beschrieben sind und nicht nur 'der Grundschritt', Basic Movement.

Drittens schließlich möchte ich erreichen, daß wir beim Tanzen allgemein, beim Training, vor allem aber auf Tanzturnieren bessere Musik zu hören bekommen. Das richtet sich nicht an die Tanzorchester, die die Schallplatten oder CDs einspielen, sondern an die Leute, die für den Übungsabend, das Training oder eben für Tanzturniere die Musik auswählen oder die Platten auflegen. Wenn ein Tanzorchester regelmäßig jährlich mehrere CDs aufnimmt, dann kann natürlich nicht jeder Titel der 'absolute Knüller' sein. Auf den CDs der Popstars ist ja auch nicht jeder Titel ein Tophit. Auf der anderen Seite sind die Tanz-CDs auch nicht ausschließlich für Tanzturniere der Sonderklasse bestimmt, sondern vielmehr für Hobbytänzer, Tanzschüler und sonstige Nicht-Turniertänzer. Für ein Tanzturnier ist also eine andere Musikauswahl zu treffen, als für einen Tanzkurs oder eine Party. Auch die Tänzer selbst sollten sich mehr Gedanken über die Musik machen, wenn sie ihre Auswahl für das Training oder für Schautänze treffen.

Ich wünsche mir Musik, zu der man Slowfox tanzt, weil es Slowfox ist, und nicht, weil es so auf dem Plattencover steht.

....Musik, bei der man noch hört, warum der Cha-Cha-Cha diesen Namen tragen könnte.

....Musik, bei der man noch hört, daß die Samba aus Brasilien kommt und nicht aus dem Computer.

....Langsamen Walzer, bei dem man spürt, daß man dazu schwingen und nicht marschieren muß.

....Rumba-Musik, bei der es noch Sinn macht, die Schritte auf 2, 3 und 4 zu setzen.

....Paso Doble-Musik, zu der man ausschließlich Paso Doble tanzen kann und nicht Disco-, Marschfox oder Square-Dance.

....Jive-Musik, bei der man hört, daß es Jive ist und kein Foxtrott.

Schließlich wünsche ich mir einen Wiener Walzer im 3/4-Takt und nicht im 2/4-Takt, aber leider scheint selbst das im Moment noch zuviel verlangt.

Und nun wünsche ich allen Lesern viel Arbeit und viel Spaß mit diesem Buch.

II. Allgemeine Musiktheorie

1. Das Metrum

1.1 Takte und Taktarten

Besonders für Tanz(sport)anfänger spielt der Takt der Musik die entscheidende Rolle. Sie möchten 'im Takt' tanzen und fragen: „Woran erkennt man den Takt?", oder: „Wann muß ich mit den Schritten beginnen, um im Takt zu tanzen?". Häufig sind die Antworten: „Beginne auf der 'Eins'.", oder: „Zähl' mit." - beides Antworten, die das Problem in keiner Weise lösen - oder auch: „Achte auf den Rhythmus." Im weiteren Verlauf wird gezeigt, daß Takt und Rhythmus sehr unterschiedliche Dinge sind.

Takte entstehen durch unterschiedlich starke **Betonungen** in der **Melodie**. Die Betonungen sind die **Taktteile**. Der Beginn eines neuen Taktteils heißt **Taktschlag**. Ein Taktteil ist also die Zeit von einem Taktschlag bis zum nächsten Taktschlag.

Skizze für den 2/4-Takt:

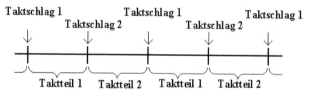

Die stärkste Betonung ist immer der Beginn eines neuen Taktes, die *'Eins'*. In der **Notation**, das heißt, wenn man die Musik schriftlich niederlegt, zieht man einen Strich durch die Notenlinien, jeweils vor der ersten Note eines jeden Taktes. Einen solchen Strich nennt man Taktstrich.

Der **Taktstrich** gibt dem Musiker also an, wo die Betonungen zu setzen sind. Zusätzlich wird hinter dem Taktstrich verzeichnet, aus wie vielen Taktteilen der folgende Takt besteht. Innerhalb eines Musikstückes muß nicht jeder Takt aus der gleichen Anzahl von Taktteilen bestehen.

Beispiel: 'All You Need Is Love' (Lennon, McCartney)

'Jetzt fängt das schöne Frühjahr an'
 (Noten aus 'Es tönen die Lieder', Engelbert Dessart Verlag)

Jetzt fängt das schö=ne   Früh=jahr an und   al = les fängt zu   blü-hen an

Oder fängt das schöne Frühjahr vielleicht doch so an?

Jetzt fängt das schö= ne Früh=jahr   an und al = les   fängt zu   blü-hen an

Höre auch die folgenden Beispiele an:
'America' (Leonard Bernstein) aus der 'West Side Story',
'Let's have lunch' (Andrew Lloyd Webber) aus 'Sunset Boulevard',
'I Say A Little Prayer' (Bacharach, David) von Aretha Franklin,
'Sieben Tage lang' (Trad., Sanders) von Bots oder
'Fairground' (Mick Hucknall) von Simply Red.

Besteht jeder Takt eines Musikstückes aus der gleichen Anzahl von Taktteilen - was in der Tanzmusik notwendig ist - so wird dies nur einmal verzeichnet, nämlich am Anfang des Stückes. Diese Angabe geschieht durch zwei Zahlen in der Form eines mathematischen Bruches, zum Beispiel: 2/4 oder 3/4 oder 6/8 usw. Diesen Bruch nennt man die **Taktart**.

Dabei gibt die obere Zahl - der **Taktzähler** - an, aus wie vielen Taktteilen ein Takt besteht; die untere Zahl - der **Taktnenner** - gibt an, mit welchem Notenwert ein Taktteil notiert ist. Die Notenwerte werden erst im Kapitel „Rhythmus" erklärt, denn sie geben keine Informationen über Betonungen.

In diesem Kapitel wird genauer auf die Taktarten, die Taktschläge und -teile, die Melodie sowie die Betonungen eingegangen. Es wird unterschieden zwischen einfachen Taktarten und zusammengesetzten Taktarten.

Die einfachen Taktarten haben nur eine starke Betonung und ein oder zwei schwache Betonungen. Musiker bezeichnen die Betonungen auch als 'schwer' oder 'leicht' anstelle von 'stark' oder 'schwach'.

Einfache gerade Taktarten sind zum Beispiel 2/2- oder 2/4=Takt:

$1_2 \, 1_2 \, 1_2$ usw.

Einfache ungerade Taktarten sind zum Beispiel 3/4= oder 3/8=Takt:

$1_2 \,_3 \, 1_2 \,_3 \, 1_2 \,_3$ usw.

Zusammengesetzte Taktarten bestehen aus Takten mit vier oder mehr Taktteilen. In diesen Takten gibt es neben der stärksten Betonung auf dem jeweils ersten Taktteil weitere (weniger) stark betonte Taktteile. Auf jeden stark betonten Taktteil folgen immer ein oder zwei schwach betonte Taktteile. Musiker sprechen von 'schwer', 'weniger schwer' und 'leicht'. Zum Beispiel 4/4-Takt:

1 2 **3** 4 **1** 2 **3** 4 usw.

Im Gegensatz dazu gibt es auch zusammengesetzte Taktarten, bei denen die Lage der **Schwerpunkte** (das sind die stark betonten Taktteile) nicht eindeutig ist. Das heißt, daß es verschiedene Möglichkeiten gibt, die Taktteile zu betonen. Ein 5/4-Takt ist entweder betont:

1 2 3 **4** 5 **1** 2 3 **4** 5 usw.

Oder:

1 2 **3** 4 5 **1** 2 **3** 4 5 usw.

Die starken Betonungen im 5/4-Takt können also auf dem ersten und dem vierten oder aber auf dem ersten und dem dritten Taktteil liegen.

Einige Beispiele für bekannte Musikstücke in zusammengesetzten Taktarten sind: 'Solsbury Hill' von Peter Gabriel, 'Everything's Alright' aus 'Jesus Christ Superstar' von Andrew Lloyd Webber, 'Music' von John Miles, die Titelmelodie aus der Serie 'Mission: Impossible' von Lalo Schifrin, 'Straight To My Heart' von Sting und natürlich 'Take Five' von Paul Desmond.

Wie entstehen nun die Betonungen?

Diese Frage ist im Zusammenhang mit der tänzerischen Umsetzung der Musik wichtig. Um im Takt der Musik zu tanzen, muß immer zur gleichen Zeit, in der die Musik betont ist, auch die tänzerische Bewegung betont sein. Analoges gilt, wenn man zur Musik singt.

Auch in der Sprache gibt es Betonungen. Der Oberbegriff für das Verhältnis unterschiedlich starker Betonungen zueinander ist das **Metrum**. Der Begriff 'Metrum' wird nicht nur in der Musik verwendet, sondern er beschreibt ursprünglich das Versmaß von Gedichten. Deshalb können die Betonungen gut am Beispiel von Sprache, bzw. Texten zu Musikstücken untersucht werden.

Lies folgendes Wort:

„AUGUST"

Um das Gelesene zu sprechen, fehlt eine wichtige Information, nämlich die, wie das Wort zu betonen ist. Liegt die Betonung auf der ersten Silbe, handelt es sich um einen männlichen Vornamen. Betont man die zweite Silbe, ist es der achte Monat im Jahr. In der Sprache ist zu jedem Wort die dazugehörige Betonung festgelegt und damit auch die Bedeutung des Wortes. Wird die Betonung verändert, entsteht ein anderes Wort, unter Umständen sogar mit einem anderen Sinn, z.B. August, Tenor oder Paris.

Sprich ein anderes Wort laut aus:

„ BETONUNG "

Auf welcher Silbe liegt die Betonung? Wie entsteht diese Betonung? Betone eine andere Silbe. Was machst Du, um diese Silbe zu betonen?

Soll ein Musikstück durch den Gesang eines Textes interpretiert werden, so muß immer, wenn die Musik betont ist, auch gleichzeitig im Text eine Betonung liegen. Das heißt, die betonten Silben in der Sprache müssen mit den Schwerpunkten in der Melodie zusammenfallen. Man singt also 'im Takt', denn auch Singen ist Musik.

Dieser Zusammenhang wird an einem einfachen Beispiel erklärt. Betrachte dazu den folgenden Text:

'Hänschen klein ging allein in die weite Welt hinein.'

Bei den Wörtern, die nur aus einer Silbe bestehen, ist natürlich diese eine Silbe betont. Die Aufmerksamkeit richtet sich deshalb auf die Wörter, die aus mehreren Silben bestehen. Die betonten Silben sind unterstrichen.

<u>Häns</u>-chen <u>klein</u> <u>ging</u> al-<u>lein</u> <u>in</u> die <u>wei</u>-te <u>Welt</u> hin-<u>ein</u>.

Die bekannten Betonungen im Text können nun einer Melodie im 4/4-Takt zugeordnet werden, weil festgelegt ist, wo bei einer Melodie im 4/4-Takt die Betonungen liegen.

<u>Häns</u>-chen <u>klein</u>   <u>ging</u> al-<u>lein</u>   <u>in</u> die <u>wei</u> - te <u>Welt</u> hin-<u>ein</u>.
1   2   **3**   4   **1**   2   **3**   4   **1**   2   **3**   4   **1**   2   **3**   4

So paßt der Text zur Melodie.

Die Fragen des Tanzsportanfängers können nun beantwortet werden. Man erkennt den Takt an den Betonungen der Melodie und auch an den Betonungen des gesungenen Textes. Die stärkste Betonung ist die '*Eins*'.

1.2 Auftakt

An einem weiteren Beispiel soll erklärt werden, was passiert, wenn die Betonungen von Text und Melodie sich nicht treffen. Bedenke dabei immer, daß die Sachverhalte analog sind, wenn nicht gesungen wird, sondern getanzt.

Beispiel: Der Kuckuck und der Esel

An diesem Beispiel soll zunächst ein weiterer musiktheoretischer Begriff erklärt werden: der Auftakt. Der erste Schwerpunkt ist nicht der erste Ton der Musik, ebenso ist die erste stark betonte Silbe nicht die erste Silbe des Textes, sondern die zweite. Dadurch entsteht am Anfang des Musikstückes ein unvollständiger Takt, der **Auftakt**. Der Auftakt kann auch aus mehreren Taktteilen bestehen. Ein Musikstück, welches mit einem Auftakt beginnt, endet in der Regel mit einem unvollständigen Takt, der sich mit dem Auftakt zu einem vollständigen Takt ergänzen würde.

Wählt man zu dieser Melodie einen Text, dessen Betonungen nicht die Schwerpunkte der Melodie treffen, läßt sich das Lied nicht singen, denn um die Melodie beizubehalten, müssen fast alle Wörter falsch betont werden.

Also muß die Melodie geändert werden:

Ist der Auf-takt stark be=tont, klingt das Lied recht un=ge=wohnt

Das ist jetzt ein ganz anderes Lied. Wird diese neue Melodie mit dem neuen und zu ihr passendem Text gesungen, ist es nicht notwendig, absichtlich oder zusätzlich Betonungen zu erzeugen, sondern die natürlichen Betonungen der Sprache sind ausreichend und treffend. Werden auf den musikalischen Schwerpunkten die Silben absichtlich zusätzlich betont, ist das Ergebnis völlig unnatürlich und keine angemessene Interpretation der Melodie.

Analoges gilt bei der Interpretation durch den Tanz, das heißt, die Betonungen bei der tänzerischen Umsetzung sollen zuerst einmal automatisch durch die technisch korrekte Ausführung von Bewegungen und Schritten der Choreographie entstehen; genauso, wie die Betonungen beim Gesang zuerst nur durch korrekte Anwendung der Sprache im Text entstehen. Erst wenn Text bzw. Choreographie und gesangliche bzw. tänzerische Technik perfekt beherrscht werden, bieten sich dem Interpreten = Sänger oder Tänzer = unendliche Möglichkeiten, eigene Vorstellungen oder Ideen, Persönlichkeit und Gefühl in den Vortrag einzubringen.

Dieser Sachverhalt ist hier so ausführlich beschrieben worden, um aufzuzeigen, daß man schlecht, bzw. gar nicht zur Musik tanzt, wenn man unter Mißachtung der korrekten tänzerischen Technik = und das ist die natürliche Bewegung, unter Berücksichtigung von Timing und Tanz= bzw. Körperhaltung = Schritte oder Bewegungen betont. Unpassende Betonungen entstehen beim Tanzen häufig durch ruckartige Körperbewegungen, erzeugt durch falsches, unkontrolliertes oder schlecht getimtes Heben und Senken, falsche Gewichtsverlagerung von Fuß zu Fuß, isolierte Aktionen einzelner Körperteile, Schrittgrößen, die nicht zur Körperbewegung passen, usw. Im Kapitel „Tanzen zum Metrum" wird erklärt, durch welche natürliche Bewegung die Betonung tänzerisch umgesetzt wird.

Versuche, die folgende kurze Melodie auf unterschiedliche Art und Weise zu betonen, also einen Taktstrich an unterschiedliche Stellen zu setzen.

Erkennst Du selbst die beiden Musikstücke? Wie schaffst Du die Betonungen, wenn Du nun keinen Text singst, sondern die Melodie summst oder pfeifst? Vergleiche Deine Ergebnisse mit den Erfahrungen, die Du beim Sprechen des Wortes 'BETONUNG' gemacht hast.

1.3 Synkope

Am Beispiel vom Kuckuck und vom Esel soll noch ein weiterer häufig benutzter Begriff erklärt werden. Durch die Verschiebung der Schwerpunkte wurde eine neue Melodie erzeugt. Geschieht diese Verschiebung nicht generell, sondern nur an einer Stelle, so spricht man von einer **Synkope**.

Eine Synkope kann sowohl eine Vorwegnahme (Beispiel 1 und 3) als auch die Verzögerung (Beispiel 2 und 3) einer Betonung sein.

Beispiel 1: 'I Will Wait For You' (Legrand, Gimbel)

'I Will Wait For You', Andy Williams (CD: 'Superior Dancing II'):

Beispiel 2: 'Put Your Head On My Shoulder' (Anka)

Beispiel 3: 'I Get A Kick Out Of You' (Porter)

'I Get A Kick Out Of You', gesungen von Frank Sinatra, ähnlich singt Peter Douglas (CD: 'Frank Sinatra For Dancing'):

Dabei ist die obige Notation natürlich nur eine mehr oder weniger grobe Annäherung an das, was der Sänger wirklich singt, denn er wird bei seinem Gesang nicht genau die Taktschläge einhalten und auch innerhalb der Taktteile die Töne etwas eher oder etwas später, etwas länger oder etwas kürzer singen.

Es kann auch ein besonderer Stil, eine eigenwillige Ausdrucksweise des Interpreten sein, die starken Betonungen häufig auf die leichteren Taktteile zu verschieben, also zu synkopieren, oder auch auf den Schwerpunkten der Musik oft die eigentlich unbetonten Silben des Textes zu singen.

Zum Beispiel: 'Es gibt keine Maikäfer mehr' (Reinhard Mey)

...so gab's da-rin zur Mai-kä-_fer_-zeit viel-mehr als sonst an-ders-wo

Oder: 'Mann aus Alemania' (Reinhard Mey)

Al-so feilsch-te ich mas-siv, bis der _Ka_-mel-_trei_-ber rief:

Solche Spielereien mit der Musik wirken natürlich nur dann gekonnt, wenn sie von erstklassigen Sängerinnen oder Sängern dargeboten werden. Versucht ein mittelmäßiger, bzw. schlechter Sänger solche Sachen, dann ist das Resultat ähnlich der Interpretation von „I Got Rhythm" durch Fozzy-Bär in der Muppet-Show, als der Text in „I got no rhythm" umgeschrieben werden mußte.

Gleiches gilt natürlich für die Tänzer. Viel zu häufig sieht man Tanzpaare, leider auch in der höchsten Klasse, die sich bei dem Versuch, besondere Musikalität oder Individualität zu zeigen, so weit von der Musik entfernen, daß ihr Vortrag mit der Musik, die dazu spielt, nicht mehr das Geringste zu tun hat.

Höre Dir zum Thema 'Synkope' einige Beispiele an, und zwar 'You Light Up My Life' (Brooks). Zunächst die Fassung von Nicole Metzger mit dem Orchester Wolf Kaiser (CD: 'German Open Dancing'), dann die Version von Engelbert (CD: 'Meine Tanzmusik') und schließlich Matt Monro (CD: 'Dance Attack'). Im folgenden werden nur die ersten acht gesungenen Takte skizziert:

Nicole Metzger:

So ma - ny nights I sit by my win - dow

wai - ting for some-one to sing me his song

Engelbert:

Matt Monro:

Vergleiche auch die beiden Versionen von 'He Was Beautiful' von Shirley Bassey (CD: 'the best VII') und Kiri te Kanawa (CD: 'Chrisanne Collection II'); ebenso die beiden Versionen von 'I Will Wait For You' von Andy Williams (CD: 'Superior Dancing II') und Connie Francis (CD: 'the best V' oder 'Superior Dancing V').

Die Sängerinnen und Sänger orientieren sich nicht an den Taktschlägen, jedoch singen sie sehr wohl im Takt, egal ob sie synkopieren oder nicht. Man kann den Takt nicht schlagen oder mit den Händen klatschen. Mache Dir das noch einmal dadurch deutlich, daß Du Dir ein Musikstück in einer ungewöhnlichen Taktart anhörst, z.B. 'Fairground', 'I Say A Little Prayer' oder 'Sieben Tage lang'. Du merkst, daß Du ohne Probleme die Taktschläge mitklatschen kannst, aber dadurch erkennst Du nicht die Takte. Die Taktschläge bilden einen Rhythmus, Takte aber entstehen durch unterschiedliche Betonungen.

1.4 Phrasierung

Ein letzter häufig benutzter Begriff, der im Rahmen dieses Kapitels erläutert wird, ist die Phrasierung. In seinem Buch „Allgemeine Musiklehre" beschreibt Wieland Ziegenrücker eine **Phrase** als 'eine Folge von Tönen, die im musikalischen Zusammenhang eine abgegrenzte, überschaubare Einheit bilden.' Und weiter: 'Das plastische Hervorheben dieser Tongruppe beim Musizieren, das sinngemäße Phrasieren, ist ein Merkmal guter Interpretation.'

Wenn im Tanzsport über Phrasierung gesprochen wird, so ist jedoch nicht eine Gruppe von Tönen gemeint, sondern die Zusammenfassung mehrerer rhythmisch oder melodisch-thematisch zusammengehörender Takte.
Eine Phrase besteht häufig aus genau acht Takten. Das läßt sich jedoch nicht verallgemeinern. Die meisten Musikstücke setzen sich nicht ausschließlich aus acht-taktigen Phrasen zusammen, und manchmal sind die Phrasen völlig anders aufgebaut: Bekannte Beispiele dafür sind: 'Michelle', Yesterday', 'Something', 'The Fool On The Hill' von den Beatles oder 'Mrs. Robinson' von Simon and Garfunkel. Beispiele aus der Tanzmusik folgen im Kapitel „Tanzen in der Phrasierung".

Am Beispiel 'Hänschen klein' wird die Phrasierung ersichtlich:

Bei diesem Lied werden durch die Phrasierung jeweils vier Takte zu einer Phrase zusammengefaßt. Die Takte 5 - 8 sind eine kleine Variation der Takte 1 - 4. Die Takte 13 - 16 entsprechen genau den Takten 5 - 8. Nur in der dritten Phrase, den Takten 9 - 12, ändert sich die Melodie sowohl in ihrem Rhythmus als auch in ihrem klanglichen Verlauf. Der Text unterstützt diese Gliederung, denn jeder Phrase der Melodie entspricht genau ein Satz des Textes. Um die Phrasierung zu beschreiben, bezeichnet man die Phrasen mit Großbuchstaben, wobei gleiche Buchstaben gleiche oder ähnliche Melodieverläufe bezeichnen. Die Phrasierung in dem obigen Beispiel könnte man also mit *A - B - C - B* bezeichnen. Auch die Bezeichnung *A - A' - B - A'* wäre möglich und würde darauf hinweisen, daß die zweite und die vierte Phrase der ersten sehr ähnlich sind.

2. Der Rhythmus

2.1 Rhythmus

Rhythmus ist der Oberbegriff für die relative zeitliche Länge von Tönen (**Notenwerte,** NW) und die relativen zeitlichen Abstände von Tönen (**Pausenwerte**), also die Dauer von Tönen und Pausen im Verhältnis zueinander. Deshalb wird zuerst die Schreibweise in der Musik, die Notation, erklärt.

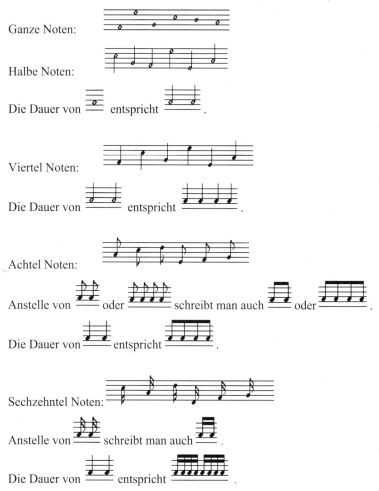

Eine Ganze Pause:

Eine Halbe Pause:

Eine Viertel Pause:

Eine Achtel Pause:

Eine Sechzehntel Pause:

Das **Verbinden** mehrerer Noten, die Töne gleicher Höhe beschreiben, durch einen Bogen, bewirkt, daß nur der durch die erste Note beschriebene Ton angeschlagen wird, sich jedoch um die Werte der weiteren Noten verlängert. Das ist besonders dann notwendig, wenn ein Ton über den Taktstrich hinaus gehalten werden soll.

 entspricht .

Das ist auch möglich, wenn die durch die Noten beschriebenen Töne unterschiedliche Tonhöhen haben. Dann jedoch ändern sich nicht die Notenwerte, sondern durch den Bogen über oder unter den Noten weiß der Musiker, daß er die Töne miteinander verbinden soll. Er spielt dann weich und fließend. Man nennt diese Spielweise **legato**. Der Bogen heißt auch Legatobogen.

Im Gegensatz dazu gibt es auch eine Spielanweisung, die dem Musiker sagt, daß er die Töne deutlich voneinander trennen, also jeden Ton neu anschlagen soll. Diese harte Spielweise heißt **staccato** und wird dem Musiker durch Punkte über oder unter den einzelnen Noten angezeigt.

Zum Beispiel:  oder .

Eine andere Bedeutung haben Punkte, die hinter die Noten gesetzt werden. Dieses **Punktieren** einer Note bewirkt, daß sie den anderthalbfachen Wert ihres ursprünglichen Wertes erhält. So erhält zum Beispiel eine punktierte Halbe Note den Wert 'Dreiviertel'.

Beispiele:

Genauso werden die Pausen beim Punktieren behandelt.

Manchmal sollen Noten nicht nur halbiert oder geviertelt, sondern gedrittelt oder gefünftelt werden usw. Das heißt, man möchte zum Beispiel über die Dauer einer Ganzen Note drei gleichlange Töne spielen. In der Notation schreibt man statt der zwei Halben Noten, die zusammen die Ganze Note ergeben, drei Halbe Noten, über- oder unterklammert diese und schreibt eine '3' dazu. Man nennt dies dann eine **Triole**. Je nachdem, aus welchen Noten die Triole gebildet wurde, spricht man von Vierteltriolen, Achteltriolen usw. Analog verfährt man bei Quintolen, Septolen usw.

Beispiele:

Gleiches gilt, wenn Pausen eingefügt sind, zum Beispiel:

Die Tonhöhe ergibt sich durch die Plazierung der Note im Notenliniensystem. Noten, die weiter oben plaziert sind, beschreiben höhere Töne als solche, die weiter unten stehen. So kann mit den Noten eine Melodie niedergeschrieben werden. Die Melodie bestimmt das Metrum, den Takt, aber die Melodie hat auch einen Rhythmus. Dieser kann sehr einfach sein (Beispiel 1) oder auch recht abwechslungsreich (Beispiel 2).

Beispiel 1: 'Bye Bye Blackbird' (Henderson, Dixon)

Beispiel 2: 'Jealousy' (Gade)

Bei einigen Tänzen spielt der Rhythmus der Melodie sogar eine entscheidende Rolle. Bei anderen Tänzen ist er eher unwichtig. Spricht man allgemein vom Rhythmus, ist oft nicht der Rhythmus der Melodie, sondern der sogenannte **Begleitrhythmus** gemeint.

Der Begleitrhythmus umfaßt alles, was die **Rhythmus-Instrumente** spielen, insbesondere die **Percussion-Instrumente**.

Percussion-Instrumente sind die Musikinstrumente, die nur Geräusche oder Töne in einer oder wenigen Tonhöhen erzeugen können, zum Beispiel Trommeln, Schüttel- oder Schrappinstrumente. Dies sind Instrumente, mit denen man im allgemeinen keine Melodie spielen kann.

Es gibt andere Instrumente, die hauptsächlich dazu dienen, die Melodie zu spielen, zum Beispiel Flöte oder Violine. Einige Instrumente können beides, zum Beispiel das Klavier. So bilden das Klavier (oder Keyboard), die Rhythmus-Gitarre, das Schlagzeug und der Baß die **Rhythmusgruppe**, die dann zusammen mit den Percussion-Instrumenten für den Begleitrhythmus zuständig ist.

Durch das Hinzufügen eines Begleitrhythmus können unter Umständen aus einer Melodie unterschiedliche Tänze gemacht werden. Jedoch ist Vorsicht geboten, denn nicht jeder Rhythmus paßt zu jeder Melodie. Leider erscheinen immer öfter Tanz-CDs, auf denen Titel eingespielt sind, die 'mit Gewalt' zu einem bestimmten Tanz arrangiert worden sind. Dabei leidet meistens entweder das Musikstück selbst oder der Charakter des Tanzes, jedoch gibt es auch sehr gute Ergebnisse. Generell kann man ein Tanzmusikstück wohl nicht als gut oder schlecht beurteilen, sondern man muß dabei immer berücksichtigen, welchem Zweck es dienen soll. So stellt ein Tanzschüler sicher ganz andere Anforderungen an die Tanzmusik als ein hochklassiger Turniertänzer.

Es gibt Melodien, die durchaus unterschiedliche Begleitrhythmen zulassen. Manchmal muß dazu auch der Rhythmus der Melodie selbst verändert werden, in seltenen Fällen wird sogar das Metrum verändert. Ein positives Beispiel für eine Melodie mit unterschiedlichen Begleitrhythmen ist:

'Why Don't You Do Right' (J. McCoy):
    Della Reese: Cha-Cha-Cha (CD: 'Della Della Cha Cha Cha')
    Sinead O'Connor: Slowfox (CD: 'Am I Not Your Girl?')

In beiden Fällen ist die Qualität und der Ausdruck des Musikstücks erhalten geblieben und trotzdem wurde auch der Charakter des jeweiligen Tanzes hervorragend getroffen.

Ein gelungenes Beispiel für ein Stück, bei dem in verschiedenen Arrangements nicht nur der Begleitrhythmus, sondern auch die Taktart unterschiedlich ist, ist der bekannte Wiener Walzer 'G´schichten aus dem Wienerwald' von Johann Strauß. (CD: 'Hisao Sudou, Best Selection For Ballroom Dancing' u.a.) Auf der CD 'the best VII' findet man das Stück als mitreißenden Quickstep arrangiert (Livingston, Evans), gesungen von Bing Crosby und Rosemary Clooney.

Im folgenden werden einige Rhythmen angegeben. Versuche, diese zu klopfen, zu klatschen oder zu trommeln. Man nennt dies, 'den Rhythmus schlagen'. Die rhythmischen Töne werden **Schläge** genannt. Diese dürfen nicht mit den Taktschlägen verwechselt werden, die immer in zeitlich gleichen Abständen aufeinander folgen. Der Einfachheit halber sind alle Beispiele im 4/4-Takt notiert.

Rhythmus 1:

Rhythmus 2:

Rhythmus 3:

Rhythmus 4:

Rhythmus 5:

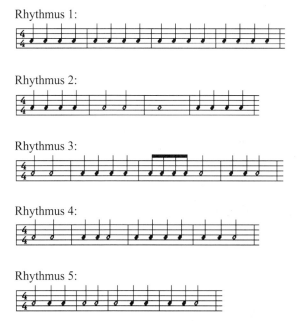

Solche Rhythmen bezeichnet man als **rhythmische Muster** bzw. **rhythmische Figuren** oder mit dem englischen Wort **Pattern**. Tänzer müssen selten diese rhythmischen Muster aufschreiben oder lesen. Sie müssen diese Muster hören, erkennen, sprechen bzw. mitzählen und tanzen. Für die einfachen Rhythmen im 4/4-Takt, wie in obigen Beispielen, aber auch im 2/2-, 2/4- sowie im 4/8-Takt, hat sich unter den Tänzern eine Zählweise durchgesetzt, die die Worte **Slow** (*S*) und **Quick** (*Q*) verwendet. Die Notenwerte dazu sind im 4/4-Takt und im 2/4-Takt unterschiedlich. Im 4/8-Takt sind sie so wie im 2/4-Takt. Im 2/2-Takt sind sie so wie im 4/4-Takt.

Das heißt, *Slow* ist ein halber Takt, *Quick* ist ein Viertel eines Taktes. Die obigen Beispiele lassen sich also wie folgt lesen:

Pattern 4:

S S   Q Q S   Q Q Q Q   Q Q S

Pattern 5:

S Q Q S S   S Q Q   Q Q S

Dabei ist zu beachten, daß das *Slow* im 4/4-Takt, sowie im 4/8-Takt immer genau mit dem ersten oder dem dritten Taktschlag beginnt (im 2/2- und im 2/4-Takt mit dem ersten oder dem zweiten Taktschlag). Das *Quick* beginnt im 4/4-Takt und im 4/8-Takt immer genau mit einem Taktschlag, im 2/2- und im 2/4-Takt immer mit dem Beginn einer Taktteilhälfte. Dadurch lassen sich eine Vielzahl von Rhythmen nicht mit *Slow* und *Quick* zählen, zum Beispiel:

Dennoch können mit *Slow* und *Quick* weit mehr rhythmische Figuren beschrieben werden als die Pattern 4 und 5. Schlage zunächst:

Pattern 6:

Pattern 7:

Um diese Rhythmen zu zählen, wird *Quick* in zwei gleichlange Teile unterteilt. Dazu benutzt man die Zählweise *Quick **and*** oder *Quick **und*** und schreibt es: *Q* +. Das + halbiert das ihm vorausgehende *Q*. Analog könnte man auch mit dem *Slow* verfahren, man erhält dadurch aber nichts anderes als:

$S + = Q\ Q$

Die Pattern 6 und 7 können wie folgt gezählt werden:

Pattern 6:

S *Q Q*   *Q Q* *Q Q*   *Q Q*+*Q* *Q* +   *Q Q* S

Pattern 7:

Q Q Q Q +   *Q Q Q* +*Q*   *Q Q*+*Q*+*Q*+   *Q*+*Q* *Q*+*Q*

Eine weitere Zählweise ermöglicht es, *Slow* oder *Quick* (nicht aber *and*) im Verhältnis drei zu eins zu teilen. Man schreibt hinter das entsprechende *Slow* oder *Quick* ein ***a*** (sprich: e).

S a entspricht  im 2/2- und im 4/4-Takt.

S a entspricht ♪. bzw. ♪ im 2/4- und im 4/8-Takt.

Q a entspricht ♪. bzw. ♪ im 2/2- und im 4/4-Takt.

Q a entspricht ♪ im 2/4- und im 4/8-Takt.

Q + *a* entspricht ♪ im 2/2- und im 4/4-Takt.

Q + *a* entspricht  im 2/4- und im 4/8-Takt.

$S + a = Q\ Q +$ ist schon bekannt.

Um ein *Quick* zu vierteln, benutzt man:

Q a + *a* entspricht ♪♪ im 4/4-Takt.

Analog dazu gilt:

$Q\,a\,+$ entspricht ♫ im 4/4-Takt.

$S\,a + a = Q + Q +$

$S\,a + = Q + Q$

Überlege Dir die dazu gehörenden Notenwerte in den verschiedenen Taktarten selbst.

Schlage und zähle nun folgende Rhythmen:

Pattern 8:

S a S   Q Q S a   S   S a   Q Q S

Pattern 9:

Q Q+Q Q   S   Q Q+   S   a S   a   S   a Q Q

Pattern 10:

S a Q Q   Q+ Q Q a Q   Q+ Q+ Q a Q a S a S

Diese Zählweise - *Slow* und *Quick* - ist nicht immer gut geeignet, um Rhythmen zu zählen. Sogenannte Off-Beat-Rhythmen - im Kapitel „Polyrhythmik" wird erklärt, was damit gemeint ist - Rhythmen mit langen oder vielen Pausen, vor allem, wenn diese auf dem ersten Taktteil liegen, lassen sich mit dieser Zählweise nicht korrekt wiedergeben. Auch Triolen und Musik im 3/4-Takt können so nicht gezählt werden.

Der größte Nachteil der Zählweise liegt darin, daß man dem Wort *Slow* nicht entnehmen kann, ob die dazugehörende Zählzeit mit dem ersten oder mit dem dritten Taktschlag beginnt; analog beim *Quick*. Aus diesen Gründen ist diese Zählweise für die lateinamerikanischen Tänze ungeeignet. In der Samba wird sie benutzt, jedoch ist Vorsicht geboten. Für die Standardtänze ist sie gebräuchlich, denn bei den Tänzen Tango, Slowfox und Quickstep ist es gemäß der 'Technik' egal, ob ein *Slow* die erste oder die zweite Hälfte des Taktes ist.

Wenn wir Tänzer diese Zählweise benutzen, zählen wir jedoch so nicht den Rhythmus der Musik, sondern das Timing. Das **Timing** gibt an, wann Schritte gesetzt bzw. Bewegungen ausgeführt werden.

In den lateinamerikanischen Tänzen, außer Samba, sowie für Tänze im 3/4-Takt, werden die Ausdrücke *Slow* und *Quick* nicht benutzt, sondern man zählt die Taktschläge von eins bis zwei, von eins bis drei oder von eins bis vier durch. Die Ausdrücke + und *a* werden wie oben benutzt.

Pattern 11:

Zählweise: *1 2 3 4   2 3 4   2 4 +   1 2 + 3 4 +*

Pattern 12:

Zählweise: *1 2 3 1 2   1 2 + 3 1 + 2 3 +*

Pattern 13:

Zählweise: *1 2   1 + 2   1 a 2   1 +a 2 a*

Pattern 14:

Zählweise: *(1)+ (3)+(4)+   (1)+(2)+(3)+*

Das letzte Beispiel zeigt, daß auch diese Zählweise die Noten nicht ersetzen kann. Dies aber ist für den Tänzer nicht tragisch, denn er muß damit nicht die - oft recht komplizierten - Rhythmen der Musik, sondern nur sein - meistens recht simples - Timing zählen.

Häufig beschreibt man das Timing, aber auch die Rhythmen durch die **Schlagwerte** (SW). Erfolgen die Schläge bzw. Schritte immer zeitgleich mit den Taktschlägen, so setzt man den zu einem Schlag gehörenden Schlagwert gleich 1/1. Ertönen in jedem Taktteil zwei Schläge mit gleichem zeitlichen Abstand, so sind die dazu gehörenden Schlagwerte also jeweils 1/2. Der Schlagwert gibt an, wie lange es nach dem Schlag dauert, bis der nächste Schlag erfolgt.

Die Schlagwerte geben an, in welchen zeitlichen Abständen Töne angeschlagen werden, bzw. in welchen zeitlichen Abständen Schläge erfolgen. Die Schlagwerte sagen nichts darüber aus, wie lange der angeschlagene Ton dann klingt, also zu hören ist. Bei bestimmten Rhythmen spielt es dann keine Rolle, ob man für einen Schlag eine Note mit einem großen Notenwert niederschreibt, zum Beispiel 1/2, oder einen kleinen Notenwert gefolgt von einer Pause, zum Beispiel eine Achtel Note mit einer 3/8 Pause.

Pattern 15:

Pattern 16:

Die Schlagwerte zu den Pattern 15 und 16 sind genau gleich, nämlich:

2/1, 3/2, 1/2, 1/1, 3/4, 1/4, 3/2, 1/2, 3/1, 2/1, 1/2, 5/2

Das bedeutet, daß genau das gleiche zu hören ist, wenn diese Pattern geklatscht oder geschlagen werden. Sie hören sich jedoch unterschiedlich an, wenn sie zum Beispiel auf einer Flöte gespielt werden.

In allen Taktarten mit Taktnenner 4 ist also der Schlagwert genau das vierfache der Summe des Notenwertes und der eventuell folgenden Pause (bei Taktnenner 8 ist er das achtfache usw.). Die Schlagwerte einiger Pattern werden als Beispiel angegeben. Überlege Dir die Schlagwerte zu den übrigen Pattern selbst.

Pattern 5:

Schlagwerte: 2/1, 1/1, 1/1, 2/1, 2/1, 2/1, 1/1, 1/1, 1/1, 1/1, 2/1

Pattern 10:

Schlagwerte: 3/2, 1/2,1/1, 1/1, 1/2,1/2, 1/1, 3/4,1/4,1/1, 1/2,1/2,1/2,1/2,3/4,1/4,3/4,1/4, 3/2,1/2, 2/1

Pattern 12:

Schlagwerte: 1/1, 1/1, 2/1, 1/1, 3/1, 1/1, 1/2,1/2,2/1, 1/2,1/2,1/1,1/2,3/2

Pattern 13:

Schlagwerte: 1/1, 1/1, 1/2,1/2, 1/1, 3/4,1/4, 1/1, 1/2,1/4,1/4,3/4,1/4

Manchmal werden rhythmische Muster oder das Timing noch anders beschrieben. Dazu werden die Taktteile geviertelt, das heißt, man stellt sich in jedem Taktteil vier in gleichen Abständen aufeinanderfolgende Schläge vor. Der jeweils erste fällt dann immer mit dem Taktschlag zusammen. Um nun ein rhythmisches Muster oder ein Timing zu beschreiben, wird angegeben, auf welchen von diesen **Viertelschlägen** (VS) tatsächlich rhythmische Schläge oder Schritte erfolgen. In diesem Buch ist das durch Fettdruck dargestellt. Zum Beispiel:

Pattern 13:

<u>1</u> 2 3 4 <u>5</u> 6 7 8 <u>1</u> 2 <u>3</u> 4 <u>5</u> 6 7 8   <u>1</u> 2 3 <u>4</u>   <u>5</u> 6 7 8 <u>1</u> 2 <u>34</u> <u>5</u> 6 7 <u>8</u>

Pattern 14:

1 2 <u>3</u> 4 5 6 7 8 1 2 <u>3</u> 4 5 6 <u>7</u> 8 1   2   <u>3</u> 4 5 6 <u>7</u> 8 1 2 <u>3</u> 4 5 6 7 8

Da die Schlagwerte für die Pattern 15 und 16 gleich sind, sind natürlich auch die Viertelschläge identisch. Überlege selbst!

Alle bisher geschlagenen Rhythmusbeispiele, Pattern 1-16, gehören zur Gruppe der **binären** Rhythmen, also den Rhythmen, bei denen die Taktteile halbiert, geviertelt oder so geteilt werden, daß den Schlagwerten ein Teiler 2 oder 4 zugrunde liegt. Solche **Aufteilungen** bzw. **Taktteil-Aufteilungen** werden im folgenden noch einmal zusammengefaßt. Die Angaben beziehen sich auf den 4/4-Takt:

A:

SW: 1/2,1/2:   VS: **1** 2 **3** 4   zähle: **1** + (**2** + **3** +).....

B:

SW: 3/4,1/4:   VS: **1** 2 **3** 4   zähle: **1** a (**2** a **3** a).....

C:

SW: 1/2,1/4,1/4:   VS: **1** 2 **3** 4   zähle: **1** + a (**2** + a).....

D:

SW: 1/4,1/4,1/2:   VS: **1** 2 **3** 4   zähle: **1** a + (**2** a +).....

E:

SW: 1/4,1/2,1/4:   VS: **1** 2 **3** 4   zähle: **1** a a (**2** a a).....

F:

SW: 1/4,1/4,1/4,1/4:   VS: **1** 2 **3** 4   zähle: **1** a + a (**2** a + a).....

Die Taktteil-Aufteilung A bezeichnet man auch als **Half-Beat-Split**. Bei den Aufteilungen B, C, D, E und F spricht man von **Quarter-Beat-Split**. Manchmal ist jedoch damit auch nur die Aufteilung B gemeint. Diese Bezeichnungen sind nicht ganz korrekt, denn es werden natürlich nicht die Taktschläge geteilt, sondern die darauf folgenden Taktteile. Beachte, daß '*1 + a*' etwas anderes ist als '*1 a +*'.

Bei den **ternären** Rhythmen werden die Taktteile - wenn sie geteilt werden - so geteilt, daß den Schlagwerten der Teiler 3 zugrunde liegt. Wenn also bei einem ternären Rhythmus in einem Taktteil mehrere Schläge mit gleichem zeitlichem Abstand erfolgen, so sind es nicht zwei oder vier, sondern drei Schläge; eine Triole. Dafür wird ein neuer Ausdruck in der Zählweise benötigt: *d*.

Wenn in der Zählweise das *d* benutzt wird, so geht daraus hervor, daß es sich um eine ternäre bzw. triolische Aufteilung handelt. Während die Zählweise '*S a*', '*Q a*' oder '*1 a*' eine Aufteilung in 3/4, 1/4 beschreibt, so wird durch '*S d*', '*Q d*' oder '*1 d*' eine Aufteilung in 2/3, 1/3 beschrieben. Statt durch Viertelschläge beschreibt man die ternären Rhythmen durch **Drittelschläge** (DS).

G:

SW 2/3,1/3:   DS: **1 2 3**   zähle: 1 d (2 d 3 d).....

H:

SW 1/3,1/3,1/3:   DS: **1 2 3**   zähle: 1 + d (2 + d 3 + d)......

Damit sind nun auch Triolen erfaßt und durch die Wortwahl (*a* oder *d*) die binären und die ternären Rhythmen unterschieden. Beachte, daß das + in Verbindung mit *d* eine andere Bedeutung hat als in Verbindung mit *a*.

Schlage und zähle die folgenden Rhythmen:

Pattern 17:

Zählweise: *1 2 3 4 1 +d 2 3 +d 4 1 +d 2 +d 3 +d 4*

Pattern 18:

Zählweise: *1 2 3 4 1 d 2 3 d 4 1 d 2 d 3 d 4*

Pattern 19:

Zählweise: *1 2 3 4   1 a 2 3 a 4   1 a 2 a 3 a 4*

Pattern 20:

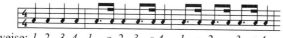

Zählweise: *1 2 3 4 1   +a 2 3   +a 4   1 +a 2   +a 3 +a 4*

Pattern 21:

Zählweise: *1 2 3 4   1 + 2 3 + 4   1 + 2 + 3 + 4*

Pattern 22:

Zählweise: *1 2 3 4   1 +   2 3 +   4   1 +   2 +   3 + 4*

Betrachte die Noten und die Zählweise der Beispiele Pattern 21 und 22 noch einmal! Obwohl die Noten - und damit die Rhythmen - unterschiedlich sind, ist die Zählweise gleich. Das bedeutet, daß man - um Mißverständnisse zu vermeiden - immer wissen muß, ob ein Rhythmus ternär oder binär aufgefaßt werden soll. Ein Musikstück kann durchgängig binär oder durchgängig ternär notiert sein und auch so gespielt werden. Es kann aber auch sein, daß ternäre und binäre Rhythmen sich abwechseln. Das gilt sowohl für den Rhythmus der Melodie als auch für den Begleitrhythmus. Es kann sogar vorkommen, daß beide Rhythmusarten von unterschiedlichen Instrumenten oder Instrumentengruppen gleichzeitig gespielt werden.

Da die ternären Rhythmen in der Notation etwas mehr Schreibarbeit verursachen, wird oft so verfahren, daß Stücke, die durchgängig ternär gespielt werden sollen, trotzdem so notiert werden, als wären sie binär. Meistens ist es für die Musiker selbstverständlich, ob sie binär, manchmal sagt man dazu auch 'straight', oder ob sie ternär, man sagt dazu auch 'triolisch', spielen sollen. Manchmal wird es auch am Anfang des Stückes vermerkt, zum Beispiel:

Das heißt, in der Notation ist die Taktteil-Aufteilung (1/2, 1/2), gespielt wird aber die Aufteilung (2/3, 1/3). Manchmal wird auch die Aufteilung (3/4, 1/4) notiert, obwohl die Aufteilung (2/3, 1/3) gespielt werden soll. Für uns Tänzer ist natürlich nicht so wichtig, was notiert ist, sondern, was zu hören ist. Das Beispiel im Kapitel „Das Metrum", 'Put Your Head On My Shoulder' ist binär notiert, wird jedoch ternär gespielt. Versuche selbst, die Noten so niederzuschreiben, wie das Lied gespielt oder gesungen wird.

Manchmal werden die ternären Rhythmen auch **Swing-Rhythmen** genannt, die binären Rhythmen heißen auch **Beat-Rhythmen**. Überlege selbst, welche unserer Tänze welcher Gruppe zuzuordnen sind.

Da die zuletzt erwähnten Taktteil-Aufteilungen, nämlich in (1/2,1/2), (2/3,1/3) und in (3/4,1/4), nicht nur im Rhythmus der Musik, sondern auch im Timing der Schritte und Bewegungen häufig auftreten, sind diese hier noch einmal zusammengefaßt:

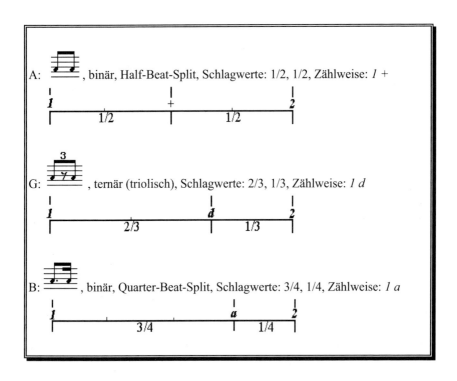

2.2 Polyrhythmik

Im vorangegangenen Kapitel wurden bereits sehr unterschiedliche Rhythmen vorgestellt, jedoch wurden diese immer nacheinander geschlagen. Speziell für die lateinamerikanischen Tänze reicht das nicht. Bei der Musik für diese Tänze werden meistens mehrere unterschiedliche Rhythmen gleichzeitig gespielt. Man spricht von **Polyrhythmik**. Im folgenden werden zunächst einige einfache Beispiele gegeben, bei denen man eigentlich noch gar nicht von Polyrhythmik sprechen kann. Schlage jeweils zwei Rhythmen gleichzeitig, einen mit der rechten und einen mit der linken Hand. Falls es nicht angegeben ist, überlege Dir selbst die Zählweise, die Schlagwerte und welche Viertelschläge oder Drittelschläge gespielt werden.

Pattern 23:

Pattern 24:

Pattern 25:

Pattern 26:

Pattern 27:

Bei diesen einfachen Rhythmen erfolgen fast immer Schläge auf den Taktschlägen. Man schlägt **On-Beat**, manchmal wird dafür auch der Ausdruck **Down-Beat** benutzt. Beat bezieht sich hier auf die Taktschläge. Bei den **Off-Beat**-Rhythmen erfolgen häufig auf den Taktschlägen keine Schläge, sondern dazwischen. Manchmal wird der Begriff Off-Beat auch benutzt, wenn die Akzentuierungen nicht auf den Taktschlägen der Taktschwerpunkte liegen.

Schlage folgende Off-Beat-Rhythmen:

Pattern 28:

Pattern 29:

Pattern 30:

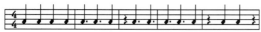

Pattern 31:

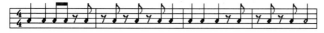

'Echte' Polyrhythmik entsteht nun, wenn sich On-Beat- und Off-Beat-Rhythmen überlagern oder vermischen. Versuche folgende Rhythmen, einen mit der rechten, den anderen mit der linken Hand, zu schlagen:

Pattern 32:

Pattern 33:

Pattern 34:

Pattern 35:

Solche Polyrhythmen, wie zum Beispiel der zweite Takt des Pattern 34, in denen zwei rhythmische Figuren so aufgebaut sind, daß die eine immer genau die 'Lücken' der anderen füllt, heißen auch **Komplementär-Rhythmen**.

Man spricht von **Konfliktrhythmen**, wenn innerhalb eines Taktes, sowohl x Schläge mit gleichem Abstand ertönen, als auch y Schläge mit gleichem zeitlichem Abstand, wobei x kein Teiler von y und y kein Teiler von x ist, zum Beispiel: x = 2 und y = 3 , oder x = 4 und y = 5 , oder 4 und 7, 2 und 5, 4 und 3, 5 und 9, usw., wie in den Takten zwei und vier des Pattern 35. Oft bezeichnet man das auch als **Polymetrik**.

Die Vermutung liegt nahe, daß sich viele für die lateinamerikanischen Tänze typische polyrhythmische Figuren aus solchen Konfliktrhythmen entwickelt haben. Versuche, diese Überlagerungen, vor allem aber die daraus resultierenden Polyrhythmen, zu schlagen.

Beispiel Polymetrik 1: 5 Schläge über 8 Schläge

Zählweise:	*1*	*2*	*3*	*4*	*5*
SW:	8/5	8/5	8/5	8/5	8/5

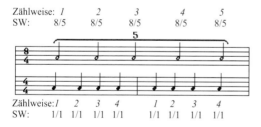

Zählweise:	*1*	*2*	*3*	*4*	*1*	*2*	*3*	*4*
SW:	1/1	1/1	1/1	1/1	1/1	1/1	1/1	1/1

Aus der Polymetrik wird dadurch Polyrhythmik, daß die Schläge so 'verschoben' werden, daß sie immer mit den 'Halbschlägen' des anderen Metrums zusammentreffen. Im 4/4-Takt entsprechen diese Halbschläge den Achtel Noten.

Pattern 36:

```
ZW:  1   (2)  +       4        2     3
SW:  3/2      3/2    2/1      1/1   2/1
HS:  1  2  3  4  5  6  7  8   1  2  3  4  5  6  7  8
```

Pattern 37:

```
ZW:  1   (2)  +       4        2   (3)  +
SW:  3/2      3/2    2/1      3/2       3/2
HS:  1  2  3  4  5  6  7  8   1  2  3  4  5  6  7  8
```

Durch geringfügige Verschiebung der fünf Schläge entsteht eine rhythmische Figur (Pattern 36), die in fast allen lateinamerikanischen Tänzen zu hören ist, der sogenannte Claves-Beat. Vor allem in der Rumba fällt er oft auf. Die zweite Figur (Pattern 37), die der ursprünglichen Lage der fünf Schläge noch näher kommt, bildet einen Grundrhythmus des Bossa Nova.

Die erste Hälfte des Claves-Beat könnte auch aus einer anderen Überlagerung entstanden sein.

Beispiel Polymetrik 2: 3 Schläge über 2 Schläge

```
ZW:  1    2    3
SW:  2/3  2/3  2/3
```

```
ZW:  1    2
SW:  1/1  1/1
```

Daraus ergibt sich Pattern 38:

```
ZW:    1      a (2)    +
oder:  S      a (Q)    Q
SW:   3/4     3/4     1/2
VS:   1  2  3  4   5  6  7  8
```

Pattern 38 führt zur Samba. Auch in der Samba erscheint der Claves-Beat in der entsprechenden zweitaktigen Figur. Mehr über diese Rhythmen ist im Kapitel über Samba-Musik zu finden.

Beispiel Polymetrik 3: 5 Schläge über 2 Schläge

```
ZW:   1    2    3    4    5
SW:  2/5  2/5  2/5  2/5  2/5
```

```
ZW:   1         2
SW:  1/1       1/1
```

Daraus ergeben sich Pattern 39:

```
ZW:    1    + a (2) a +
SW:   1/2 1/4 1/2 1/4 1/2
VS:   1 2 3 4 5 6 7 8
```

und Pattern 40:

```
ZW:    1    + a (2) a  a
SW:   1/2 1/4 1/2 1/2 1/4
VS:   1 2 3 4 5 6 7 8
```

Beide Muster, 39 und 40, werden in der Samba häufig in zweitaktigen Figuren gespielt, zum Beispiel Pattern 41:

```
ZW:    1    +    2              1    +  a (2) a  +
oder:  Q    Q    S              Q    Q + (Q) +  Q
SW:   1/2  1/2  1/1            1/2  1/4 1/2 1/4 1/2
VS:   1 2  3 4  5  6  7  8     1 2  3   4  5  6  7  8
```

Zur besseren Übersichtlichkeit wurde der 2/2-Takt anstelle des 2/4-Taktes gewählt. Wie man aber an der Zählweise, den Schlagwerten sowie an den Viertelschlägen erkennt, hat das den Rhythmus an sich nicht verändert; nur die Notation ist anders.

Die Überlagerung 9 Schläge über 4 Schläge führt zu einer Vielzahl interessanter Rhythmen, die alle in der Samba wiederzufinden sind:

Pattern 42:

```
ZW:   1    +    2    a    a   (1) a    a  2   +
ZW:   S    +    S    a    a   (S) a    a  S   +
oder: Q    Q    Q +  (Q) +    (Q) +   (Q) + Q    Q
SW:  1/2  1/2  1/4  1/2       1/2 1/4 1/2  1/2
VS:  1 2  3 4  5 6  7  8      1 2 3    4  5  6 7  8
```

Pattern 43:

```
ZW:   Q    Q    Q    Q +  (Q) + (Q) + Q    Q
SW:  1/2  1/2  1/2  1/4 1/2   1/2 1/4 1/2  1/2
VS:  1 2  3 4  5 6  7  8      1 2  3  4  5 6  7  8
```

Pattern 44:

```
ZW:   Q    Q    Q    Q +  (Q) + (Q) + (Q) + Q
SW:  1/2  1/2  1/2  1/4 1/2   1/2   1/2 1/4 1/2
VS:  1 2  3 4  5 6  7  8      1  2  3  4  5 6  7  8
```

Es folgen einige weitere Beispiele solcher rhythmischer Muster, die zwar in den Grundrhythmen der Tänze nicht vorkommen, aber eingesetzt werden, um für Abwechslung zu sorgen.

Pattern 45:

Pattern 46:

Einen weiteren wichtigen Aspekt innerhalb des Rhythmus bilden die Akzentuierungen. Es wurde bereits erklärt, daß auch die Melodie, die durch ihre Betonungen für den Takt verantwortlich ist, ihren Rhythmus hat. Genauso gibt es auch innerhalb des Rhythmus Betonungen. Diese sind die **Akzentuierungen**.

Das Zeichen '<' über oder unter der Note zeigt dem Musiker an, daß dieser Schlag zu akzentuieren ist. Das ist beim Rhythmus notwendig, denn die Akzentuierungen richten sich nicht nach den Taktstrichen.

Pattern 47: (Samba, Schüttelrohr)

Pattern 48: (Samba, Reco-Reco)

Pattern 49: (Samba, Snare Drum)

Pattern 50: (Samba, Bass Drum)

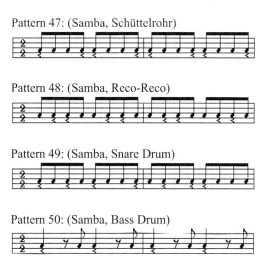

Es können also durchaus Instrumente die gleichen Notenwerte spielen, aber andere Schläge akzentuieren. Genauso kann es umgekehrt sein, daß also unterschiedliche Rhythmen gespielt, aber die gleichen Schläge akzentuiert werden. Für den Rhythmus unserer Tänze ist nicht nur wichtig, welche Notenwerte gespielt werden, sondern auch, welche Schläge akzentuiert sind und welche nicht. Dies ist unabhängig von den Betonungen der Melodie.

Manchmal ergibt sich jedoch auch eine Akzentuierung, ohne daß ein besonders heftiger oder lauter Schlag gespielt wird, z.B. durch eine verhältnismäßig lange Pause nach dem entsprechenden Schlag oder durch viele schnell aufeinanderfolgende Schläge vor dem entsprechenden Schlag. In den beiden nachfolgenden Beispielen ist der jeweils dritte Taktschlag akzentuiert, einmal durch die Pause danach und einmal durch die Aufteilung des Taktteils davor.

Pattern 51:

Pattern 52:

3. Metrum - Rhythmus - Tempo

Bisher wurden das Metrum (der Takt) und der Rhythmus (rhythmische Figuren) unabhängig voneinander betrachtet. Das sind sie natürlich nicht. Es sind unterschiedliche Dinge, aber innerhalb eines Musikstückes müssen sie zusammenpassen - insbesondere in der Tanzmusik. Nun müssen sich nicht alle rhythmischen Muster bzw. Figuren Takt für Takt wiederholen, aber ein gewisser Grundrhythmus muß in fast jedem Takt wiederzufinden sein.

Der **Grundrhythmus** ist das rhythmische oder polyrhythmische Muster, welches einen Tanz von den anderen Tänzen unterscheidet. Die rhythmischen Muster können sich über einen, zwei oder mehrere Takte oder auch nur über einen halben Takt erstrecken und sich dann in gleicher oder ähnlicher Form wiederholen, das heißt, die Rhythmen können sich auch ändern:

Beispiel (Cha-Cha-Cha):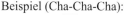

Beachte bei diesem Beispiel, daß der Grundrhythmus des Cha-Cha-Cha äußerst selten von einem Instrument in dieser Form gespielt wird, sondern daß er sich aus der Überlagerung mehrerer unterschiedlicher Rhythmen ergibt. Um zu einer Variation des polyrhythmischen Gebildes zu kommen, können ein Instrument, mehrere oder auch alle Instrumente ihr Spiel ändern.

In der Musik werden die Attribute 'wiederkehrend' bzw. 'sich wiederholend' im allgemeinen nicht dem Rhythmus, sondern dem Metrum zugeordnet. In der Tanzmusik jedoch müssen sich auch die Rhythmen, vor allem die Akzentuierungen, regelmäßig wiederholen, damit zu einem Musikstück durchgängig der gleiche Tanz getanzt werden kann.

Instrumente oder Rhythmen können über einen oder mehrere Takte aussetzen oder im Verlauf des Musikstückes neu oder erneut eingesetzt werden. Erst das macht die Tanzmusik interessant und abwechslungsreich. Unter Umständen werden sogar Solopassagen gespielt, an denen nur ein oder wenige Instrumente beteiligt sind. Dabei wird möglicherweise sogar der Grundrhythmus weggelassen, und andere Rhythmen werden gespielt.

Beispiel: Paso Doble, 'Espana Cani' (Marquina), Takte 74-78

Für die Tanzmusik ist es wichtig, daß der Grundrhythmus entweder ständig gespielt wird oder nur kurz aussetzt bzw. variiert, dann aber alsbald wieder einsetzt. Zusätzlich besteht in der Musik allgemein, besonders jedoch in der

Tanzmusik, immer eine Verbindung zwischen Rhythmus und Metrum. Diese Verbindung kann dadurch gegeben sein, daß die rhythmischen Muster nicht nur aus Off-Beat-Rhythmen bestehen, sondern auch deutliche Schläge auf den Taktschlägen beinhalten.

Beispiel (Grundrhythmus Samba):

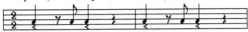

Die Verbindung ist oft auch dadurch gegeben, daß der Rhythmus der Melodie sich mit dem Begleitrhythmus oder dem Grundrhythmus des Tanzes deckt. Für manche Tänze ist es sogar unbedingt notwendig, daß die charakteristischen Rhythmen auch in der Melodie enthalten sind, zum Beispiel beim Jive oder beim Tango. Bei anderen Tänzen ist es fast egal, welche Rhythmen in der Melodie enthalten sind, zum Beispiel beim Langsamen Walzer. An dieser Stelle werden nur drei Beispiele aus unterschiedlichen Tänzen gegeben. Mehr Beispiele sind in den Kapiteln über die Musik der einzelnen Tänze zu finden.

Paso Doble, 'Espana Cani' (Marquina), Takte 1-4

Wiener Walzer, 'Tulpen aus Amsterdam' (Arnie)

Ant - je, ich hab' dich so ger - ne

Jive, 'Rock Around The Clock' (Freedman, de Knight)

One, two, three o'-clock, four o'-clock, rock,

Die wichtigste Verbindung zwischen Metrum und Rhythmus ist der **Baß**, und deshalb soll er etwas genauer betrachtet werden. Mit dem Wort 'Baß' werden in der Musik recht unterschiedliche Dinge beschrieben, denn das Wort 'Baß' wird meistens als Abkürzung benutzt. Mit 'Baß' allein ist meistens die tiefste Männerstimme gemeint. In fast jeder Instrumentenfamilie, und oft wird auch die menschliche Stimme wie eine solche behandelt, gibt es einen Baß. Bei den Streichern ist es der Kontrabaß, bei den Blechbläsern die Tuba, beim Schlagzeug die Bass Drum usw. Jedoch gibt es auch viele Instrumente, die unterschiedliche Klanghöhen haben können, zum Beispiel die Klarinette, die Gitarre oder das Saxophon. Auch dort trägt dann der am tiefsten klingende Vertreter häufig den Beinamen 'Baß'.

Mit 'Baß' ist manchmal aber auch noch etwas ganz anderes gemeint, nämlich der Generalbaß oder auch Basso Continuo. Damit ist das Spiel eines Instrumentes gemeint, welches die Melodie durchgängig harmonisch begleitet. Seinen Ursprung hat der Generalbaß im Barock, und das benutzte Instrument war meistens das Cembalo. Wenn in der Tanzmusik oder in der Unterhaltungsmusik von Baß gesprochen wird, so verbindet man damit eigentlich beide der oben beschriebenen Bedeutungen. Fast immer ist eine Baßgitarre gemeint, mit der das Musikstück harmonisch begleitet wird. Die Baßgitarre hat wohl aus Gründen der Handlichkeit den Kontrabaß abgelöst. In manchen Sparten der Musik, zum Beispiel in der Jazz-Musik, wird dennoch häufig der Kontrabaß benutzt.

Wann der Baß seine 'Schläge' spielt, orientiert sich an den Schwerpunkten der Melodie. Dadurch, daß auch der Baß manche Taktteile aufteilt, und zwar dem Rhythmus entsprechend, also binär oder ternär, schafft er eine Verbindung zwischen Metrum und Rhythmus.

Beispiel: (Baß in der Rumba, binär)

SW: 3/2   1/2 1/1 1/1
HS: 1 2   3 4 5 6 7 8

Beispiel: (Baß im Slowfox, ternär)

SW: 5/3   1/3   5/3   1/3
DS: 1 2 3 4 5 6   1 2 3 4 5 6

Ein weiterer wichtiger Begriff in der Tanzmusik ist das Tempo. Das **Tempo** bestimmt die absolute Dauer von Tönen, Pausen und Takten. Für den Tänzer ist die Geschwindigkeit der Musik von großer Wichtigkeit, denn unter Umständen ist die Bewegung, die er ausführen möchte oder soll, gar nicht möglich, wenn die Musik zu langsam ist, das heißt, wenn ein Takt zu lange dauert oder wenn die Musik zu schnell gespielt wird, das heißt, wenn die Zeit eines Taktes oder Taktteils zu kurz ist. In der Vergangenheit waren die Tempoangaben recht ungenau. Sie lauteten: 'Allegro', 'Largo', 'Presto', 'Andante', 'Adagio', usw. Diese Bezeichnungen sind auch heute noch - vor allem in der klassischen Musik - gebräuchlich. Im Jahre 1816 erfand der Wiener Ingenieur Johann Nepomuk Mälzel das **Metronom**. Dieses Gerät ist so konstruiert, daß sich ein Zeiger durch eine Feder angetrieben, ähnlich dem Pendel einer Uhr, von einer Seite zur anderen bewegt und dabei in gleichbleibenden Zeitabständen jeweils ein tickendes Geräusch erzeugt. Durch ein Gewicht, welches sich an dem Zeiger verschieben läßt, wird das Tempo des Metronoms eingestellt. So kann man wählen, wie oft das Metronom pro Minute tickt. Diese Zahl heißt

Metronomzahl. Wenn ein Musikstück in einem bestimmten Tempo gespielt werden soll, so gibt man zum Beispiel an:

M.M. $\bar{\jmath}$ = 90 (M.M. steht für Metronom Mälzel.)

Das bedeutet dann, daß das Musikstück so zu spielen ist, daß in einer Minute 90 Viertel Noten gespielt werden könnten; der durch eine Viertel Note beschriebene Ton dauert also exakt 2/3 Sekunden. Steht das Stück im 3/4-Takt, so dauert dann jeder Takt zwei Sekunden. Bei langsamen Tänzen wird das Metronom so eingestellt, daß es zu jedem Taktschlag tickt, bei schnelleren Tänzen im 4/4-Takt oder im 4/8-Takt so, daß es jeweils mit dem ersten und dem dritten Taktschlag tickt, bei sehr schnellen Tänzen, zum Beispiel Wiener Walzer, tickt es nur mit dem ersten Taktschlag. Im Tanzsport ist es üblich, statt der Metronomzahl direkt anzugeben, wie viele Takte pro Minute (T/M) gespielt werden. Beispiele:

Langsamer Walzer:	30 T/M	M.M. $\bar{\jmath}$ = 90
Wiener Walzer:	60 T/M	M.M. $\bar{\jmath}$. = 60
Quickstep:	52 T/M	M.M. $\bar{\jmath}$ = 104
Rumba:	26 T/M	M.M. $\bar{\jmath}$ = 104

Das Metronom gibt also durch sein Ticken eine Information über das Tempo der Musik. Das Ticken des Metronoms ist ein recht einfacher Rhythmus. Es gibt jedoch keine Information über den Rhythmus der Musik und erst recht keine Information über Metrum und Takt, denn am Ticken des Metronoms kann man nicht erkennen, wo Betonungen sind. Das Metronom tickt also nicht im Takt!

Heutzutage gibt es elektronische Metronome. Neuere Metronome haben eine Glocke, die wahlweise bei jedem zweiten, dritten oder x-ten Metronomschlag zusätzlich klingelt und so die *Eins* anzeigt.

Auf den meisten Tanzplatten ist hinter dem Titel des Musikstückes angegeben, um welchen Tanz es sich dabei handeln soll und auch das Tempo in Form der Anzahl von Takten pro Minute. Fehlt diese Angabe, oder hat man auf irgendeiner anderen Platte, die womöglich nicht speziell für den Tanzsport produziert worden ist, ein Tanzmusikstück entdeckt, so muß man sich selbst die Mühe machen, die Musik genau eine Minute lang anzuhören, und die Takte mitzuzählen. Ein wenig ungenauer wird das Ergebnis, wenn man nur eine halbe Minute, oder nur zwanzig Sekunden lang mitzählt, und dann entsprechend mit 2 oder mit 3 multipliziert. Es gibt auch einige Computerprogramme, die die Anzahl der Takte pro Minute ermitteln, wenn man über einige Sekunden oder einige Takte die Taktschläge der Musik auf der Tastatur mitschlägt. Jedoch ist Vorsicht geboten, denn häufig ist das Tempo nicht über die gesamte Dauer eines Musikstückes konstant.

Bei CDs, deren Begleitinformation in englisch verfaßt ist, wird das Tempo in 'bpm' angegeben. Das heißt meistens 'bars per minute', also Takte pro Minute, manchmal aber auch 'beats per minute', also Taktschläge pro Minute. Was gemeint ist, kann man jedoch sofort an der Größenordnung der Angabe erkennen.

Im folgenden werden die wichtigsten Begriffe noch einmal zusammengefaßt:

Der Begriff **Metrum**
beschreibt das Verhältnis zwischen
schweren und leichten Betonungen in der Melodie
und wird gemessen durch Takte und Taktarten.

Der Begriff **Rhythmus**
beschreibt die relative Dauer von Tönen und Pausen
und wird gemessen durch Notenwerte, Schlagwerte
und die sich daraus ergebenden rhythmischen Figuren bzw. Muster (Pattern).

Der Begriff **Tempo**
beschreibt die absolute Dauer von Tönen, Pausen und Takten
und wird gemessen durch die Metronomzahl
oder die Takte pro Minute.

III. Wie tanzt man zur Musik ?

In den ersten Kapiteln wurde festgestellt, daß ein Unterschied zwischen dem Takt, also dem Metrum, und dem Rhythmus besteht. Unterschiedliche Gruppen von Musikinstrumenten bestimmen das Metrum und den Rhythmus. Die Musik für unsere Tänze ist in verschiedenen Teilen der Welt entstanden, und zwar mit sehr unterschiedlichen Musikinstrumenten.

Am Beispiel des Wiener Walzers werden die Konsequenzen daraus deutlich:

Wesentlichen Anteil an der Entstehung und der Verbreitung dieses Tanzes, vor allem aber an der Musik, hat die Wiener Familie Strauß, besonders der sogenannte 'Walzerkönig' Johann Strauß (1825-1899). Johann Strauß selbst spielte Violine und auch die Orchester, mit denen er die Wiener Bevölkerung beim Walzertanzen begleitete, waren fast ausschließlich mit Streichern besetzt. So tanzte man damals, wie auch heute noch, den Wiener Walzer zur Melodie, zum Metrum der Musik, also im Takt. Das gilt auch für den Langsamen Walzer, den Slowfox sowie für den Quickstep.

Ganz anders verlief die Entwicklung der Musik in Südamerika, sei es in Brasilien, auf Kuba oder in der Karibik. Die Menschen, die dort die Musik gemacht, geprägt und entwickelt haben, waren arm: Sklaven, die aus Afrika verschleppt worden waren und Einheimische, die von den europäischen Eroberern unterdrückt wurden. Durch diese Armut wurden auch die Instrumente geprägt, mit denen diese Leute musizierten. Hohle Kürbisse wurden mit Sandkörnern, Steinchen oder ähnlichem gefüllt und geschüttelt, Bambusrohre wurden eingekerbt und man rieb mit einem Stock darüber. Holzstücke wurden einfach gegeneinander geschlagen, ja sogar die ausgetrockneten Kieferknochen eines Esels wurden zum Klappern benutzt. Fast alle typischen lateinamerikanischen Musikinstrumente sind einfachster Bauart und dienen dem Rhythmus. So entstanden die lateinamerikanischen Tänze mit dem Rhythmus, und wenn man sie tanzt, tanzt man zum Rhythmus, nicht zum Metrum.

In Nordamerika verlief die Entwicklung ein wenig anders, da es dort verboten war, auf diesen Instrumenten zu musizieren (vgl.: Günther/Schäfer: „Vom Schamanentanz zur Rumba"). Hier liegen die Wurzeln des Jive, der zwar längst nicht so durch typische Rhythmus-Instrumente geprägt ist wie Samba oder Rumba, aber auch der Jive wird zum Rhythmus getanzt. Alle lateinamerikanischen Tänze unseres Turnierprogramms, auch der Paso Doble, werden zum Rhythmus der Musik getanzt, das heißt die Schritte und Bewegungen, die wir ausführen, richten sich nach den rhythmischen Mustern, deren Akzentuierungen, deren Klang und nicht nach den Betonungen der Melodie.

Die Standardtänze unseres Turnierprogramms, den Tango ausgenommen, tanzen wir zum Metrum, zu den Betonungen der Melodie, also tatsächlich im Takt. Der

Tango nimmt hier eine Sonderstellung ein, denn die Musik stammt aus Argentinien und ist dementsprechend vom Rhythmus geprägt.

Durch diese Unterscheidung, Metrum oder Rhythmus, wird klar, warum es zum Beispiel möglich ist, einen Langsamen Walzer zu einem Musikstück zu tanzen, auch wenn dieses nur durch den Gesang eines Textes allein interpretiert wird. Unter Umständen ist das sogar sehr schön. Völlig unmöglich ist es dagegen eine Rumba oder eine Samba zu tanzen, wenn nur gesungen wird, weil der Rhythmus dann fehlt. Umgekehrt kann man natürlich sehr gut Cha-Cha-Cha, Rumba oder Samba tanzen, wenn nur der Rhythmus gespielt wird und keine Melodie.

Bevor in den folgenden Abschnitten betrachtet wird, wie die tänzerischen Bewegungen sich unterscheiden, je nachdem, ob zum Metrum oder zum Rhythmus getanzt wird, soll beschrieben werden, wie man zur Musik geht, marschiert bzw. Schritte macht. Schritte sind ein wesentlicher Bestandteil des Tanzens. Unsere 'Technik' beschreibt hauptsächlich, wie und wohin man die Schritte setzen muß.

Das Gehen an sich ist eine sehr gleichmäßige Bewegung. Um zur Musik zu gehen, müssen die Akzentuierungen der Musik, und das sind zunächst einmal die Taktschläge, zeitlich mit den Akzentuierungen der Bewegung zusammenfallen.

Wie wird nun eine Bewegung akzentuiert?

Innerhalb einer Bewegung wird dadurch akzentuiert, daß abrupt die Geschwindigkeit der gesamten Bewegung, bzw. des gesamten Körpers, geändert wird oder auch nur die Geschwindigkeit eines Bewegungselementes, bzw. eines Körperteils. Das heißt, man akzentuiert nicht durch eine hohe Geschwindigkeit, sondern durch eine große Beschleunigung, sowohl positiv als auch negativ. Die Akzentuierung kann also geschehen durch ein schnelles Forcieren der Bewegung, sei es eine Fortbewegung oder auch eine Rotation, wie zum Beispiel beim American Spin im Jive. Die Akzentuierung kann aber auch durch ein schlagartiges Abstoppen einer Rotation oder einer Fortbewegung erzeugt werden, wie zum Beispiel beim Contra Check im Tango oder im Wiener Walzer.

Die Körperteile, die beim Gehen ihre Bewegungsgeschwindigkeit ändern, sind die Beine und Füße, manchmal auch die Arme und Hände. Die Beine setzen sich beim Gehen relativ langsam, also mit geringer Beschleunigung, in Bewegung. Der Augenblick, in dem das Schreitbein seine Bewegung nach vorn oder nach hinten beendet hat, und der entsprechende Fuß am Boden plaziert wird, ist der Augenblick der größten - in diesem Falle negativen - Beschleunigung, das heißt: ein Stopp. In diesem Augenblick erfährt das Gehen eine Akzentuierung. Um zur Musik zu gehen, muß man es so tun, daß der Fuß immer genau auf dem Taktschlag plaziert wird. Beim Marschieren wird diese Akzentuierung durch

Geräusche beim Aufsetzen des Fußes oder auch durch den zusätzlichen Einsatz der Arme noch verstärkt.

1. Tanzen zum Metrum

Die einfachste Bewegung zum Metrum der Musik, also im Takt, ist das **Schunkeln**. Bei manchen Festen und Feierlichkeiten, zur Karnevalszeit und beim Oktoberfest, überall sieht man, wie sich Menschen reihenweise sitzend oder stehend, meistens zu Musik im schnellen 3/4-Takt, schaukelnd hin und her bewegen. Versuche es selbst einmal, egal ob im 3/4- oder im 4/4-Takt. Kannst Du Deine Bewegung beschreiben? Ist sie im Takt? Kannst Du auch so schunkeln, daß es nicht im Takt ist, obwohl das Tempo stimmt? Schau doch einmal anderen Menschen beim Schunkeln zu. Wie muß man schunkeln, damit es im Takt ist?

Bei einem Urlaub in Bayern hatte ich das Vergnügen, mir beim Heimatabend einige tänzerische Darbietungen ansehen zu dürfen, unter anderem den Bandltanz. Dabei tanzte eine Gruppe junger Leute um einen großen Stab herum, so daß sie bunte Bänder, deren Ende am Stab befestigt war, um diesen flochten. Von Zeit zu Zeit blieben sie stehen und schwenkten ihre Bänder hin und her. Für mich sah das seltsam aus. Ich stutzte. Die jungen Leute schwenkten ihre Bänder genau so, daß sie auf dem Taktschlag 1 gerade jedesmal ganz rechts oder ganz links ankamen. Das paßte nicht zur Musik.

Man schunkelt dann im Takt, wenn man sich auf dem Taktschwerpunkt, also auf der *Eins*, nicht rechts oder links befindet, also gerade anhält, sondern, wenn man sich in dem Augenblick der stärksten Betonung gerade in der Mitte bewegt. Auf dem Taktschwerpunkt wird also dann die höchste Geschwindigkeit, der größte Schwung, erreicht. Schunkel noch einmal und schwenke dabei die Arme mit!

Bei einer Bewegung im 3/4-Takt, sei es schunkeln oder tanzen, muß man, um im Takt zu sein, auf der *Eins* schwingen, auf der *Zwei* den Schwung weiterlaufen und ausklingen lassen und auf der *Drei* den Schwung für die nächste *Eins* wieder einleiten. Das gilt für die geraden Taktarten analog. Auch wenn anspruchsvollere Bewegungen ausgeführt werden als das Schunkeln, ist es von größter Wichtigkeit, daß jede neue Bewegung, egal ob Schwung oder Rotation, immer schon auf dem vorhergehenden Taktteil eingeleitet bzw. vorbereitet wird, um im Takt zu sein.

Die gerade beschriebene Bewegung im Takt der Musik ist also keine Akzentuierung im Sinne des vorangegangenen Kapitels. In Analogie zu den Betonungen in der Musik spricht man auch bei der Bewegung von Betonungen, wenn es darum geht, im Takt zu tanzen. Die oben erwähnten 'Bandltänzer' waren also nicht im Takt, weil die Betonung ihrer Bewegung im falschen

Moment auftrat. Sie haben statt einer Betonung eine Akzentuierung gewählt. Das ist zwar auch in der Musik, aber eben nicht im Takt.

Man ist genau dann im Takt, wenn der größte Schwung in der Bewegung - und das ist die Betonung - zeitlich mit der stärksten Betonung in der Musik zusammenfällt. Generell ist es für das Tanzen im Takt der Musik entscheidend, wie sich die Körper der Tänzer und Tänzerinnen zu den schwer oder leicht betonten Taktteilen bewegen. Das Timing der Schritte ist nur Mittel zum Zweck. Aber es ist ein gutes Mittel, denn durch das korrekte Timing der Schritte, sowie die korrekte Anwendung der Technik, Fußarbeit, Heben und Senken, CBM usw., entsteht der notwendige Schwung, also die Betonung, automatisch (vergleiche dazu den Gesang vom Kuckuck und vom Esel in „Das Metrum").

In diesem Kapitel wurde der Ausdruck 'Im-Takt-Tanzen' neu definiert, und zwar viel enger, als er bisher benutzt worden ist. Wenn im weiteren Verlauf von 'im Takt' gesprochen wird, so ist damit tatsächlich diese engste Definition gemeint, also Schwung auf den Taktschwerpunkten. 'Im Takt' zu tanzen wird somit zu einem sehr hohen Anspruch. Große Fehler entstehen immer wieder dadurch, daß angenommen wird, das Metronom schlage im Takt. Das führt dann oft zu solch sonderbaren Behauptungen wie: man dürfe nicht im Takt tanzen, um musikalisch zu sein, oder man dürfe die Schritte nicht genau auf die Taktschläge setzen. Warum denn nicht? (siehe jedoch in „Slowfox, der Tanz") Oft genug sieht man Paare, die dem Takt ständig hinterherlaufen. Wie sollen sie ihn jemals erreichen, wenn sie nicht zuerst lernen, das Timing und die Taktschläge zu benutzen? Im Zusammenhang mit solchen Philosophien taucht häufig der Begriff 'musikalisches Tanzen' auf. Dieser Ausdruck ist unsinnig, denn: Tanzen ist immer musikalisch; wenn nicht, ist es kein Tanzen.

Versuche nun einmal, zu Samba, Rumba oder Paso Doble zu schunkeln! Das paßt gar nicht gut, denn viel deutlicher als die Taktschwerpunkte empfindet man die Akzentuierungen, und diese fallen nicht unbedingt mit den Schwerpunkten zusammen. Manchmal sind sogar alle Taktschläge, egal ob leicht oder schwer, gleichermaßen rhythmisch akzentuiert. Es ist zu überlegen, wie zum Rhythmus der Musik getanzt wird.

2. Tanzen zum Rhythmus

Sicherlich hat jeder Tänzer mit dem Timing der Rumba schon seine Erfahrungen gemacht, sei es am eigenen Leibe oder auch mit anderen, die die Rumba mit dem Timing *Slow-Quick-Quick* gelernt haben. Diese Tänzer glauben dann, wenn sie die Schritte auf den Taktschlägen 2, 3 und 4 setzen, sie seien nicht im Takt. Natürlich haben sie recht. Sie sind nicht im Takt, denn die Rumba wird zum

Rhythmus der Musik getanzt. Woran liegt es nun, daß man sich trotzdem anfänglich unwohl fühlt?

Das läßt sich anhand des Discofox erklären. Beim Discofox tanzt man zum 4/4-Takt oder 2/4-Takt drei zeitlich gleichlange Schritte: Erster Schritt, zweiter Schritt, unbelasteter Schritt, und wiederholt dann. Das ist offensichtlich nicht im Takt möglich, denn wenn man auf Taktschlag 1 anfängt, beginnt die erste Wiederholung auf Taktschlag 4, die zweite auf Taktschlag 3, usw. Aber das spielt keine Rolle, denn auch der Discofox wird zum Rhythmus der Musik getanzt. Der Discofox-Rhythmus ist sehr einfach, er ist leicht zu erkennen und in der Musik überdeutlich zu hören: Bumm, Bumm, Bumm ..... Alle vier Taktschläge sind gleichermaßen akzentuiert. Wenn man also zu dieser Musik tanzt, kann das Gefühl, etwas falsch zu machen, gar nicht aufkommen.

Anders ist es in der Rumba: Der Rumba-Rhythmus ist äußerst differenziert, teilweise variiert er von Musikstück zu Musikstück, und bei vielen der heute gebräuchlichen Tanzmusikplatten wird er stark vernachlässigt; das heißt, viele rhythmische Figuren, die zur Rumba einfach dazugehören, werden gar nicht gespielt, oder der letzte Rest des Rhythmus wird durch übermäßig vertretene Gesangsgruppen, Trompeten, Posaunen oder Saxophone übertönt.

Drei wichtige Faktoren bestimmen die Bewegung zum Rhythmus:

Die rhythmischen Muster an sich bestimmen meistens, wann man überhaupt Schritte macht.

Die Akzentuierungen haben ebenfalls Einfluß darauf, wann Schritte gesetzt werden und wann nicht.

Der Klang innerhalb der Rhythmusgruppe beeinflußt, ob man sich mehr oder weniger, schnell oder langsam bewegt, ob man sich dreht oder nicht.

Eine Akzentuierung wird tänzerisch durch die plötzliche Änderung der Geschwindigkeit realisiert. Diese Geschwindigkeitsänderungen sind jedoch durch die Grundschritte schon vorgegeben, bzw. in ihnen enthalten, so daß diese Akzentuierungen tänzerisch ähnlich zu behandeln sind wie die Betonungen (vergleiche dazu die Bemerkungen über das Singen im Kapitel „Das Metrum"). Das heißt hier: die tänzerischen Akzentuierungen ergeben sich aus dem Schrittmuster oder aus der Choreographie auf natürliche Art und Weise. Beispiele dazu folgen in dem Kapitel „Beschreibung der Tänze".

Ein Schlag wird oft auch dadurch tänzerisch akzentuiert, daß der vorangehende Taktteil eine Aufteilung erfährt, das heißt, daß in dem vorangehenden Taktteil mehrere Schritte gesetzt werden.

Zum Beispiel Samba: 1 a2, 1 a2, ...

Der stärkste musikalische Akzent (Walter Laird nennt es: predominant percussive accent) liegt auf der *Zwei*. Die tänzerische Akzentuierung entsteht dadurch, daß auf dem ersten Taktteil zwei Schritte getanzt werden: 1 a.

Oder Cha-Cha-Cha: 1 2 3 4+1 2 3 4+1 .....
Hier liegt der musikalische Akzent auf der *Eins*, und wiederum werden auf dem vorangehenden Taktteil zwei Schritte getanzt: 4 +.

Auch im Jive: 1 2 3 d4 1 d2 3 4 1 d2 3 d4 .....
Gerade im Jive ist die starke musikalische Akzentuierung auf den Taktschlägen *Zwei* und *Vier* sehr deutlich. Im Jive-Chasse werden immer im ersten bzw. dritten Taktteil zwei Schritte gesetzt. Dadurch ergibt sich eine leichte tänzerische Akzentuierung von *Zwei* und *Vier*, die jedoch der musikalischen Akzentuierung noch nicht gerecht wird.

Oft werden auch, ohne daß die Musik es unbedingt fordert, auf diese Art und Weise tänzerische Akzentuierungen erzeugt, zum Beispiel im Paso Doble: Twists oder Syncopated Separation.

Der Klang hat großen Einfluß auf die Bewegung. Mit unterschiedlichen Musikinstrumenten lassen sich Töne in verschiedenen Tonhöhen und mit unterschiedlichem Klang erzeugen. Dazu ein Beispiel:

Ohne die Notenwerte zu ändern, kann man diesen Rhythmus mit unterschiedlichen Musikinstrumenten und mit unterschiedlichem Wechsel in der Tonhöhe spielen. Der Rhythmus klingt dann anders.

Bandoneon:

Congas:

Merkst Du, daß dadurch gleich ein ganz anderer Tanz entsteht, also auch der Wunsch, sich anders zu bewegen? Es spielt also eine wichtige Rolle, ob der Ton hoch oder tief ist, hell oder dunkel, ob er klar oder dumpf klingt. Ganz automatisch verlangen die hohen Töne eher eine schnelle Bewegung, eine Drehung oder eine andere Aktion. Die tiefen Töne führen eher zu langsamen Bewegungen, zur Trägheit oder zum Stillstand. Für diesen Zusammenhang kann man im täglichen Leben eine Vielzahl von Beispielen finden. Vergleiche die Bewegungen und Geräusche, die ein Elefant macht, mit denen einer Maus. Oder beobachte, was passiert, wenn man eine Schallplatte langsamer oder schneller als vorgesehen abspielt. Dieser Zusammenhang, **tiefe Töne - langsame Bewegung, hohe Töne - schnelle Bewegung**, kann damit erklärt werden, daß

Töne und Geräusche durch Schwingungen der Luft übertragen werden. Die Anzahl der Schwingungen pro Sekunde nennt man die **Frequenz**, deren Einheit ist ein Hertz. Niedrige Frequenzen, also langsame Schwingungen, erzeugen tiefe Töne. Hohe Frequenzen, also schnelle Schwingungen, erzeugen hohe Töne.

Wie macht sich das nun beim Tanzen bemerkbar?

In der Samba beispielsweise ist der jeweils erste Taktteil mit hochklingenden rhythmischen Schlägen versehen, der zweite Taktteil hat tiefe Schläge.

Bei allen Sambafiguren im Grundrhythmus *1 a 2* findet passend dazu immer auf dem ersten Taktteil eine Fortbewegung statt, der Schritt auf dem zweiten Taktteil ist eher stationär (zum Beispiel: Grundschritt, Wischer, Botafogo).

In der Rumba liegen die am tiefsten klingenden Schläge auf der *Vier* und auf der *Eins*. Aus diesem Grunde werden die Schritte in den Grundfiguren auf den Taktschlägen 2, 3 und 4 gesetzt, so daß der Gewichtstransport, und damit die Fortbewegung, während der Taktteile 4 und 1 wesentlich langsamer ist als während der Taktteile 2 und 3.

Der tiefe Klang muß jedoch nicht immer dazu führen, daß weniger oder keine Schritte gemacht werden. So sind zum Beispiel im Cha-Cha-Cha die am tiefsten klingenden Schläge auf *4 +*. Trotzdem werden dort zwei Schritte gesetzt, also doppelt so viele, wie in jedem anderen Taktteil, jedoch ist die Fortbewegung auf dem vierten Taktteil im Cha-Cha-Cha gerade dadurch in fast jeder Form des Chasses (Seit-Chasse, Lockstep, Hip-Twist-Chasse) gebremst, bzw. langsamer, was zu der gewünschten Akzentuierung auf der *Eins* führt.

Der Klang der rhythmischen Schläge hat jedoch noch einen weiteren wichtigen Aspekt, der ebenfalls Auswirkungen auf die tänzerische Bewegung hat. Einige Instrumente erzeugen kurze prägnante Schläge, eher einen 'Tick' oder einen 'Klack', zum Beispiel die Claves oder eine Glocke. Andere Instrumente erzeugen Klänge, die zwar, weil sie zum Rhythmus gehören, auch Schläge genannt werden, die jedoch nachklingen, wie zum Beispiel das Zupfen einer Gitarrensaite oder der ungedämpfte Schlag auf eine Pauke, also eher ein 'Bummm' oder ein 'Gunnng'. Das hat Auswirkungen auf die Fuß- und Beinbewegung.

Vergleiche einmal

a) den Rhythmus im Cha-Cha-Cha oder in der Rumba und die dazugehörigen Gehschritte oder Locksteps mit

b) den Rhythmen in Samba oder Jive und den dazugehörigen Samba-Walks oder Jive-Chasses.

Die Rhythmen a) werden gespielt von kurzklingenden Instrumenten. Die Füße werden schnell bewegt, die Kniegelenke werden bei den meisten Schritten nach dem Plazieren des Fußes nicht mehr benutzt, die Beine werden also schnell gestreckt.

Die Rhythmen b) werden gespielt von nachklingenden Instrumenten, oder sie stecken in der Melodie. Das Plazieren der Füße geschieht natürlich genau auf dem Schlag, die Füße sind jedoch viel eher wieder in Bewegung, also langsamer und auch die Kniegelenke werden bei fast jedem Schritt nach dem Plazieren des Fußes noch gebeugt oder gestreckt.

Dabei ist zu beachten, daß in allen Tänzen beide Arten rhythmischer Schläge vorkommen, meistens dominiert jedoch eine davon. In der Samba ist auffällig, daß beide Arten der Bewegung vorkommen, je nachdem zu welchem Rhythmus man tanzt.

Für das Tanzen zum Rhythmus der Musik ist es entscheidend, daß das Timing sowohl der Schritte als auch der sonstigen Bewegungen exakt die rhythmischen Schläge der Musik trifft. Der Begriff 'Timing' bezieht sich auf die zeitliche Abfolge der tänzerischen Aktionen. Doch genau wie in der Musik, wo zum Rhythmus nicht nur die zeitliche Einteilung, sondern auch der Klang und die Akzentuierungen gehören, gehört zum Tanzen im Rhythmus nicht nur das richtige Timing, sondern auch die Art und Weise, wie die Aktionen ausgeführt werden. So erhält die Bewegung über das Timing hinaus ihren Rhythmus. Das, was aus dem Timing den Rhythmus macht, ist die **Dynamik**. Der Rhythmus der Bewegung steht so in einem engen Zusammenhang mit dem Klang (Sound) des Rhythmus in der Musik.

Zum Beispiel die Bewegung von Cucarachas in der Rumba mit dem Timing *'2-3-4-(1)-2-3-4-(1)'* klingt nicht

zack-zack-zack-   zack-zack-zack

sondern er klingt wie

TICKtick-ticktick-dongdong guung ticke- TICKtick-ticktick-dongdong guung ticke

Gehschritte und Locksteps im Cha-Cha-Cha mit dem Timing *'1-2-3-4-+-1-2-3-4-+...'* fühlen sich nicht an nach ('Walk' sprich: 'wooak')

Walk-Walk-Walk -Cha-Cha - Cha - Walk - Walk-Cha-Cha

sondern eher

TAKK-un-takk-un-takk-un-tong-tong-TAKK-un-takk-un-takk-un-tong-tong

Eine Linksdrehung im Tango mit dem Timing *'Q-Q-S-Q-Q-S'* ist nicht

tik - tik - bumm - tik - tik - bumm

sondern das Gefühl dabei entspricht vielleicht

schchch   JAKK-uun-Schschuu - j j j j j   JJAKK - tung - tok

Der tatsächliche Rhythmus, Klang, Sound einer solchen Bewegung läßt sich nur schlecht mit Buchstaben oder Noten aufschreiben, doch man kann an diesen Beispielen erkennen, was der Unterschied zwischen dem Timing und dem Rhythmus einer Bewegung ist.

In diesem Kapitel wurde kurz umrissen, wie man zu unterschiedlicher Musik tanzt. Es wurde definiert, was es heißt, im Takt zu tanzen, und beschrieben, wie man zum oder im Rhythmus tanzt. In einigen Tänzen kommt beides vor, sowohl Bewegungen im Takt, als auch Bewegungen im Rhythmus der Musik. Beides, also **im Takt** und **im Rhythmus** soll unter der Bezeichnung **in der Musik** zusammengefaßt werden.

3. Tanzen in der Phrasierung

Da die Musik aus viel mehr besteht, als nur aus Takt und Rhythmus, beinhaltet auch der Ausdruck 'in der Musik tanzen' mehr als nur im Takt oder im Rhythmus zu sein, doch darauf kommt es bei den zehn Turniertänzen hauptsächlich an. Eine weitere Möglichkeit in der Musik zu tanzen, ist, in der Phrasierung zu tanzen. Viele der 'Alten Tänze', Gruppentänze und auch Paartänze, waren so aufgebaut, daß die Choreographie der Phrasierung der Musik entsprach. Auch heutzutage gibt es Tanzformen, die im wesentlichen darauf zielen, in der Phrasierung der Musik zu tanzen, z.B. Partytänze oder auch das Sequence-Dancing, insbesondere New Vogue. Für diese Art des Tanzens braucht man Musik, die regelmäßig phrasiert ist, das heißt, die sich ausschließlich aus acht-taktigen Phrasen zusammensetzt.

Man kann also auch zur Musik und in der Musik tanzen, ohne im Takt oder im Rhythmus zu sein. Ebenso kann man natürlich auch gleichzeitig in der Phrasierung und im Takt tanzen. Auch in den Standardtänzen und den lateinamerikanischen Tänzen spielt die Phrasierung eine Rolle. Es gibt den Tänzern meistens ein gutes, ein sicheres Gefühl, wenn sie zum Beispiel nach der Auflösung einer Pose eine neue Bewegung genau dann starten, wenn auch in der Musik gerade eine neue Phrase beginnt, oder auch, wenn eine besondere Aktion mit einer besonders starken Betonung oder Akzentuierung der Musik, wie zum Beispiel den Höhepunkten im Paso Doble, zusammentrifft.

Wenn im voraus bekannt ist, zu welchem Musikstück eine Choreographie getanzt werden soll, ist es sinnvoll, die Choreographie schon so aufzubauen, daß sie der Phrasierung der Musik entspricht; also zum Beispiel bei Choreographien für Formationen, Shows oder Küren von Einzelpaaren. Auch bei den Choreographien für Turnierpaare kann es sinnvoll sein, eine Phrasierung vorzunehmen, zum Beispiel beim Paso Doble. Aber Vorsicht: Die Paare müssen lernen, zuzuhören, denn die Phrasierung ist nicht immer gleich, weder beim Paso Doble, noch bei den anderen Tänzen.

Höre einige Musikstücke an und zähle mit, über wie viele Takte sich die Phrasen jeweils erstrecken:

'My coloring book' (Kander, Ebb)
    Andy Williams (CD: 'the best IV')

'Scarlet Ribbons' (Segal, Danzig)
    Acker Bilk (CD: 'Rare Ones For Dancing 3')

'Jerusalem, Jerusalem' (Shemer)
    James Last & Berdien Stenberg (CD: 'the best V')

'Nocturne' (Lovland, Skavlan)
    Secret Garden (CD: 'the best V' oder 'Superior Dancing IV')

'Agata' (Pisano, Cioffi), Nino Ferrer (CD: 'Superior Dancing VI')
    oder Tanzorchester Klaus Hallen (CD: 'World Hits')

'Ecstasy' (Belmonte)
    Geoff Love (CD: 'the best')

'Clair' (O'Sullivan)
    London Starlight Dance Orchestra (CD: 'Trippin´ The Light Fantastic')

'Chim Chim Cheree' (Sherman, Sherman)
    Julia Migenes (CD: 'The Chrisanne Collection')

'2 nd Waltz' (Schostakowitsch)
    Andre Rieu oder Tanzorchester Klaus Hallen (CD: 'Swing & Dance')

Eine Herausforderung für jeden Phrasierungs-Fanatiker ist sicherlich:
'Odds and ends' (David, Bacharach)
   Johnny Mathis (CD: 'the best IV')

Wenn die Paare gelernt haben, im Takt oder im Rhythmus zu tanzen, dann sollten sie versuchen, weitere Aspekte der Musik, z.B. Phrasierung, Instrumentierung, Dynamik, Gesang, usw. zu berücksichtigen. Wer nicht im Takt ist, braucht sich um die Phrasierung nun wirklich nicht zu kümmern. Jede Choreographie für einen Langsamen Walzer wird zu jeder Musik für einen Langsamen Walzer passen, wenn sie entsprechend getanzt wird. Es kommt schließlich nicht darauf an, was (Schritte, Figuren, Choreographie) getanzt wird, sondern wie (Bewegungsqualität) es getanzt wird. Natürlich ist es ein schönes Gefühl, wenn man merkt, daß das, was man tanzt, gut zur Musik paßt; aber nicht die auswendig gelernte Choreographie, sondern die Tänzer selbst müssen dafür sorgen, daß es paßt! Das ist Musikalität. Es kann nicht Sinn der Sache sein, wenn ein Paar versucht, auf 'Biegen und Brechen' seine Choreographie einzuhalten, nur weil diese phrasiert ist. Die Paare sollten dazu ermutigt werden, ihre Choreographien zu variieren, wenn die Umstände auf der Tanzfläche es erfordern, oder wenn die Musik es fordert.

Musikalität beginnt schon mit dem Einsatz. Zu Beginn eines Musikstückes wird fast immer eine aus mehreren Takten bestehende Einleitung gespielt, ehe die Melodie einsetzt, also die erste Phrase beginnt. Manchmal entspricht auch erst dann der Begleitrhythmus dem jeweiligen Tanz. Es sollte deshalb selbstverständlich sein, daß man mit dem Tanz erst dann beginnt, wenn die Musik auch den Tanz spielt, auch wenn vorher schon Musik zu hören ist. Es ist gut, wenn das Paar mit seinem Einsatz gerade den Beginn der ersten Phrase trifft. Trainer und Tanzlehrer sollten dementsprechend einzählen, denn das wird den Paaren helfen, später selbst die Musik bewußt zu hören, die Phrasierung zu erkennen und spontan darauf zu reagieren.

IV. Tanzmusik

1. Die Musikinstrumente

In diesem Kapitel werden die Musikinstrumente beschrieben, die für die Tanzmusik wichtig sind oder eine besondere Bedeutung für bestimmte Tänze haben. Einige Instrumente, die vielleicht weniger bekannt sind als das Klavier oder die Gitarre, werden etwas genauer untersucht.

1.1 Streichinstrumente

Fast alle Streichinstrumente bestehen aus einem Resonanzkörper, einem daran angesetzten Hals und darüber gespannten Saiten. Die Töne werden dadurch erzeugt, daß mit einem Bogen über die Saiten gestrichen wird. Diese können jedoch auch gezupft werden. Zur Familie der Streichinstrumente gehören unter anderem die Violine, das Cello und der Kontrabaß, wobei innerhalb der Tanzmusik die Violine, oder auch Geige, am häufigsten zum Einsatz kommt.

1.2 Zupfinstrumente

Die Zupfinstrumente bestehen aus Saiten und einem Resonanzkörper mit oder auch ohne Hals. Die Saiten werden gezupft, um Töne zu erzeugen. Zupfinstrumente sind zum Beispiel Harfe, Zither, Banjo, Laute und Gitarre. Bei einigen dieser Instrumente werden die Saiten nicht nur gezupft, sondern häufig auch geschlagen. Dies geschieht meistens mit einem Plättchen oder Plektron.

1.3 Holzblasinstrumente

Bei den Blasinstrumenten werden die Töne durch schwingende Luft erzeugt. Viele der sogenannten Holzblasinstrumente werden heutzutage auch aus anderen Materialien hergestellt. Einige Instrumente werden deshalb zu dieser Familie gezählt, weil der Ton mit Hilfe eines Holzblättchens am Mundstück erzeugt wird. Zu den Holzblasinstrumenten gehören unter anderem Klarinette, Oboe, Flöte, Fagott und Saxophon.

1.4 Blechblasinstrumente

Wie auch bei den Holzblasinstrumenten werden die Töne durch schwingende Luft erzeugt. Zu der Familie der Blechblasinstrumente gehören Trompete, Posaune, Horn und Tuba.

1.5 Tasteninstrumente

Zu den Tasteninstrumenten zählen Klavier, Orgel, Akkordeon und andere. Die Tonerzeugung ist unterschiedlich. Beim Klavier zum Beispiel werden Saiten angeschlagen und zum Schwingen gebracht. Beim Akkordeon, wie auch bei dem Bandoneon, werden die Töne durch schwingende Luft erzeugt. Bei vielen Tasteninstrumenten jedoch werden die Töne elektronisch erzeugt: Keyboard, Synthesizer, Computer. Durch diese elektronischen Tonerzeuger können auch die Klangbilder anderer Instrumente kopiert werden.

1.6 Schlagzeug

Das Schlagzeug ist eine Gruppe von verschiedenen Tonerzeugern. Die Trommel mit dem größten Durchmesser - die sogenannte Bass Drum - bildet den Mittelpunkt des Sets und wird mit dem Korpus direkt auf den Boden gestellt. Sie ist die am tiefsten klingende Trommel und wird mit dem Fuß über ein Pedal bedient.

Die zweite wichtige Trommel ist die Snare Drum, die direkt vor dem Schlagzeuger steht. Sie bietet unterschiedliche Spielmöglichkeiten, zum Beispiel Schlag auf das Fell, Schlag auf den Kesselrand, Schlag auf Rand und Fell, Spiel mit Besen, statt mit Stöcken usw. Die Snare Drum klingt relativ hoch und bekommt ihren besonderen Klang durch die sogenannten Schnarrsaiten, mit denen ihr Fell auf der Unterseite bespannt ist.

Die übrigen Trommeln werden Toms oder Tom-Toms genannt und klingen unterschiedlich hoch oder tief. Das größte und am tiefsten klingende steht meistens rechts vom Schlagzeuger, die übrigen hängen über der Bass Drum.

Links vom Schlagzeuger steht das Hi Hat, zwei Becken, die über ein Fußpedal gegeneinander geschlagen, bzw. geöffnet und geschlossen werden können. Die Hi Hat Cymbals oder Becken können auch mit dem Stock angeschlagen werden. Schräg über den Hängetoms befinden sich noch zwei weitere Becken, nämlich das Ride Cymbal, welches nur kurz klingt, und das Crash Cymbal, welches lange nachklingt. Dieses Drum-Set ist je nach Bedarf oder den Fähigkeiten des Schlagzeugers entsprechend erweiterbar.

1.7 Lateinamerikanische Rhythmus-Instrumente / Percussion

1.7.1 Schüttelrohr (Chocallo, Tubo, Ganza)

Dieses Instrument ist ein an beiden Seiten geschlossenes Metall- oder Kunststoffrohr, ursprünglich Bambusrohr, welches mit kleinen Perlen, Steinchen, Schrot, Reiskörnern oder sonstigem gefüllt ist. Das Rohr wird mit beiden Händen gefaßt, ungefähr in Brusthöhe waagerecht gehalten und durch Bewegungen, zum Körper und vom Körper weg, geschüttelt. Das Schüttelrohr ist ein brasilianisches Instrument und findet demzufolge bei den zehn Turniertänzen nur in der Samba Anwendung, ist dort aber unentbehrlich. Der Rhythmus, der mit diesem Instrument gespielt wird, ist durch seine Bauart schon vorherbestimmt. Versucht man einmal, mit dem Schüttelrohr nur die Taktschläge der Samba akzentuiert zu schlagen, stellt man fest, daß die Körner in dem Rohr schon bei der Ausholbewegung gegen die Innenwand des Rohres schlagen. Auch danach rollen oder fliegen die Körner im Rohr hin und her und verursachen Geräusche. Das heißt, auch wenn man nur einen akzentuierten Schlag ausführen möchte, sind auf natürliche Weise vier Schläge zu hören.

Das Schüttelrohr spielt über einen Takt in der Samba acht Schläge und bringt dabei fast schon allein den typischen Samba-Rhythmus hervor.

1.7.2 Maracas (Rumbakugeln)

Die Maracas sind das kubanische Schüttelinstrument und finden demzufolge Anwendung in Rumba und Cha-Cha-Cha. Es sind zwei hohle, etwa faustgroße, mit einem Stiel versehene Kugeln, die mit ähnlichen Materialien gefüllt sind wie das Schüttelrohr, also Steinchen, Körner, usw. Die Maracas bestehen aus Hartholz oder Kunststoff, ursprünglich Kürbis oder Kokosnuß. Sie werden immer paarweise benutzt und meistens abwechselnd geschlagen, wobei der Spieler in jeder Hand eine Kugel an ihrem Stiel hält. Variationen sind sowohl in der Spielweise als auch in den Rhythmen möglich (siehe in den Kapiteln über Rumba- und Cha-Cha-Cha-Musik). Der Grundrhythmus der Maracas ist:

Die Maracas spielen acht Schläge pro Takt, genau wie das Schüttelrohr in der Samba auch. In jedem Taktteil spielen die Maracas zwei Schläge, das Schüttelrohr jedoch vier Schläge. Das ergibt sich durch die unterschiedliche Taktart. Dies wirkt sich auf den Rhythmus und das Tempo der Claves aus.

Es sei noch erwähnt, daß es eine Vielzahl anderer Schüttelinstrumente (Shaker) in verschiedensten Formen gibt: Schachteln, Plastikeier, u.a.

1.7.3 Claves (Schlaghölzer, Rumbastäbe)

Claves sind zwei runde Hartholzstäbe, von denen einer so in einer Hand gehalten wird, daß er mit der Hand einen Hohlraum als Resonanzkörper bildet. Manchmal ist dieser Stab an einer Seite etwas ausgehöhlt. Der andere Stab wird mit der anderen Hand wie ein Trommelstock gehalten und gegen den ersten geschlagen. Die Claves werden in allen brasilianischen und kubanischen Tänzen benutzt, also in den Turniertänzen Rumba, Samba und Cha-Cha-Cha. In diesen drei Tänzen, sowie in fast allen Tänzen, in denen die Claves zum Einsatz kommen, spielen sie die folgende zweitaktige Figur:

Das bedeutet, daß die Claves in der Samba ungefähr doppelt so schnell gespielt werden wie in Rumba oder Cha-Cha-Cha, was an der unterschiedlichen Spielweise des entsprechenden Schüttelinstruments liegt. Die Claves und ihr Rhythmus spielen eine wichtige Rolle in der lateinamerikanischen Musik. Bei vielen lateinamerikanischen Tanzorchestern oder Musikgruppen beginnt der Claves-Spieler das zu spielende Musikstück mit der Claves-Figur und gibt damit, quasi wie ein Einzähler, das Tempo für die später einsetzenden Instrumente vor.

1.7.4 Guiro (Reco-Reco, Gurke)
Der Guiro ist das kubanische Reib- oder Schrappinstrument. Es ist ein hohles Holzstück in der Form einer Gurke. In die Oberfläche sind Querrillen geschnitten, über die mit einem dünnen Holzstab gestrichen, gerieben bzw. geschrappt wird. Der Guiro wird im Cha-Cha-Cha eingesetzt; das brasilianische Schrappinstrument, das Reco-Reco, findet in der Samba Anwendung.

1.7.5 Cowbell (Glocke, Cencerro, Campana)
Dies ist ein kubanisches Rhythmus-Instrument aus Metall. In seiner Form ist es einer Kuhglocke ähnlich, nur etwas kantiger und ohne Klöppel darin. Die Cowbell wird in der Hand gehalten und mit einem dickeren Stab, z.B. Claves-Stab, angeschlagen. Manchmal ist die Cowbell auch direkt am Schlagzeug befestigt, dann meistens paarweise. Sie wird eingesetzt in Cha-Cha-Cha, Mambo, Salsa, manchmal auch in der Samba, obwohl dort das Agogo besser geeignet ist.

1.7.6 Agogo
Das Agogo besteht aus zwei eher kegelförmigen Metallglocken, die durch einen gebogenen Metallstab miteinander verbunden sind, an welchem sie auch mit einer Hand gehalten werden. Die zwei Glocken klingen in unterschiedlicher Tonhöhe und werden mit einem Trommelstock angeschlagen. Bei den Turniertänzen werden sie nur in der Samba eingesetzt.

1.7.7 Cuica

Die Cuica ist, wie das Agogo, ein typisches Samba-Instrument. Sie sieht beinahe aus wie eine Trommel, jedoch ist in ihrem Inneren ein dünner Stock in der Mitte des Felles angebracht. Dieser wird - zum Beispiel mit einem feuchten Tuch - gerieben und dadurch werden quietschende bis jaulende Geräusche verursacht. Die Cuica wird unter einem Arm oder mit einem Band um den Hals gehalten. Mit ihr kann man Töne unterschiedlicher Höhe erzeugen, indem man eine Hand auf das Fell legt. Man kann sich leicht einen Eindruck davon verschaffen, wie die Cuica funktioniert, wenn man in einem bekannten Fast-Food Restaurant ein Getränk im Becher mit Deckel und Strohhalm erwirbt. Nach dem Verzehr des Getränkes kann man mit den übrigen Dingen ähnliche Geräusche erzeugen wie mit dem Musikinstrument, indem man den Strohhalm durch das Loch im Deckel hin und her schiebt.

1.7.8 Pandeiro

Das Pandeiro ist das brasilianische Nationalmusikinstrument. Es besteht aus einem Holz- oder Kunststoffring in den einige Metallplättchen als Schellen eingebaut sind, und der mit einem Fell bespannt ist. Der Klang der Schellen des Pandeiro ist blechern, eher wie bei einem Kinderspielzeug, und unterscheidet sich dadurch nicht unwesentlich von einem Tamburin. Das Pandeiro wird nur in der Samba eingesetzt.

1.7.9 Tamborim

Das Tamborim ist eine sehr kleine Trommel, die in der Hand gehalten wird. Auf ihr werden alle charakteristischen Samba-Rhythmen gespielt.

1.7.10 Tamburin (Schellenring)

Das Tamburin ist von der Bauart dem Pandeiro ähnlich, nur ist der Klang der Schellen reiner und klarer. Manchmal bezeichnet man mit Tamburin auch nur den Schellenring ohne Fell. Das Tamburin kann in vielen Tänzen benutzt werden, besonders im Jive und Paso Doble, aber auch im Tango oder Quickstep.

1.7.11 Kastagnetten

Kastagnetten sind zwei muschelförmige Hartholzstücke, die mit einem kurzen Band aneinander befestigt sind und daran festgehalten werden. Meistens benutzt man in jeder Hand ein Paar. Die Kastagnetten sind ein spanisches Rhythmus-Instrument und werden demzufolge im Paso Doble benutzt.

1.7.12 Bongos

Bongos sind kleine hochklingende Trommeln, die sitzend gespielt und zwischen den Oberschenkeln gehalten werden. Der Bongospieler benutzt zwei Bongotrommeln, die aneinander befestigt sind, und schlägt diese auf unterschiedliche Arten mit seinen Händen an. Der Grundrhythmus der Bongos, welcher in Rumba und Cha-Cha-Cha gespielt wird, ist:

1.7.13 Congas

Congas sind große, hohe Trommeln, die stehend mit den Händen gespielt werden. Meistens werden zwei oder drei unterschiedlich klingende Congas benutzt. Die am tiefsten klingende Conga heißt Tumba oder Tumbadora. Congas sind sehr wichtig für Rumba und Cha-Cha-Cha, können jedoch auch in anderen Tänzen eingesetzt werden, zum Beispiel im Quickstep, im Slowfox und natürlich auch in der Samba.

1.7.14 Timbales

Timbales sind lateinamerikanische Trommeln, die paarweise an einem Ständer befestigt sind. Anders als bei Bongos und Congas ist das Fell der Timbales auf einen Metallring bzw. -kessel gespannt. Die Timbales können mit den Händen oder auch mit Trommelstöcken angeschlagen werden. Häufig wird nicht nur auf den Fellen, sondern auch auf den Kesseln gespielt. Durch diese unterschiedlichen Spieltechniken kann eine Vielzahl unterschiedlicher Klänge erzeugt werden. Der offene, bzw. ungedämpfte Schlag mit der Hand auf die größere der beiden Trommeln erzeugt einen sehr tiefen und nachklingenden Ton. Solche Töne werden im Cha-Cha-Cha angeschlagen. Die Schläge mit Trommelstöcken an den Kesselrand dagegen klingen sehr hoch und kurz. Diese Spielweise wird in der Rumba benutzt. An dem Ständer der Timbales sind fast immer auch zwei Glocken angebracht.

2. Beschreibung der Musik

In diesem Kapitel wird die Musik der einzelnen Tänze im Hinblick auf ihre notwendigen Elemente und deren Variationsmöglichkeiten beschrieben. In vielen Fällen ist das nicht einfach, weil vieles nicht eindeutig, bzw. nicht jedesmal gleich ist, und dies auch nicht sein darf, denn sonst würde sich jede Samba, jeder Slowfox, jede Rumba genau gleich anhören. Das wäre eintönig. Andererseits müssen bestimmte Dinge zu hören sein, damit ein Jive ein Jive oder ein Quickstep ein Quickstep ist.

Natürlich kann ein Musikstück ein Cha-Cha-Cha sein, ohne daß dabei ein Guiro spielt. Es kann auch noch Cha-Cha-Cha sein, wenn die Glocke fehlt. Aber ist es noch Cha-Cha-Cha, wenn die Glocke durchgängig jedesmal '*1 2 3 + 4*' spielt? Höchstwahrscheinlich nicht mehr, aber vielleicht werden andere Cha-Cha-Cha-Rhythmen so gespielt, daß man trotzdem gut dazu Cha-Cha-Cha tanzen kann. Welche Tanzmusik gut oder schön ist, empfindet sicherlich jeder Tänzer anders. Deshalb werden in der Beschreibung der Musik besonders die Dinge erwähnt, die einen Bezug zu dem haben, was getanzt wird. Natürlich ist es durchaus möglich, daß trotzdem der ein oder andere Tango, Cha-Cha-Cha oder Paso Doble anders gespielt wird. Oft versuchen die Musiker, Komponisten oder Arrangeure auch Dinge anders zu gestalten, als gewöhnlich, um ihre Musik interessanter zu machen. Genau das versuchen die Tänzer mit ihren Choreographien ja auch. Die in diesem Buch aufgeführten Rhythmen für die Tänze sind also keine Vorschriften, sondern Beispiele.

Einige Tänze sind sich rhythmisch sehr ähnlich. Das sind insbesondere der Slowfox, der Jive und der Quickstep. Um zu der Musik zu tanzen, bzw. um dazu das zu tanzen, was man tanzen möchte oder soll, ist das Tempo wichtig. Um jedoch zu entscheiden, ob ein Musikstück ein Slowfox oder ein Jive, ein Jive oder ein Quickstep ist, ist das Tempo bedeutungslos, wichtig ist der Rhythmus. Wenn der Rhythmus eines Musikstückes dieses Stück zu einem Jive macht, dann ist es folglich egal, ob es 30 Takte in der Minute hat oder 48. Das Musikstück wird dadurch nicht zum Slowfox oder zum Quickstep. Zwei Beispiele sollen diesen Sachverhalt veranschaulichen:

Beispiel 1: 'Hit The Road, Jack' (Mayfield), interpretiert von Ray Charles
Das Tempo und die Akzentuierung sprechen für Jive, die rhythmische Aufteilung im Begleitrhythmus und der Baß sprechen für Quickstep.

Beispiel 2: 'Whoops Now' (Jackson), interpretiert von Janet Jackson
Das Tempo und der Baß sprechen eher für Slowfox, der Rhythmus der Melodie und die Akzentuierung sprechen für Jive.

Lies zuerst dieses Kapitel, höre Dir dann diese Musikstücke oder ähnliche Stücke an, und denke darüber nach! Wenn also ein schöner oder aktueller Titel durch sein Tempo, seinen Rhythmus oder durch seinen Charakter offen läßt, ob man den einen oder aber einen anderen Tanz dazu tanzen soll, dann hat solch ein Musikstück im Tanzsporttraining, erst recht auf einem Tanzturnier, nichts zu suchen.

In vielen Notenbeispielen ist die Notation - insbesondere bezüglich der exakten Tonhöhe - vereinfacht, um bessere Übersichtlichkeit zu schaffen. In vielen Notenbeispielen mußte jedoch Unübersichtlichkeit 'in Kauf genommen werden', um bezüglich der Rhythmik genau das zu notieren, was man hört. Die Noten sind so geschrieben, daß die für den Tänzer relevante Information ersichtlich ist. Es spielt keine Rolle, ob der Bongospieler für einen bestimmten Schlag die rechte oder die linke Hand benutzt, es ist auch egal, welche besondere Anschlagtechnik benutzt wird, um den Ton zu erzeugen, und es spielt erst recht keine Rolle, ob das Stück in C-Dur oder in G-Dur komponiert ist. Diese Informationen benötigen die Musiker. Wir Tänzer jedoch wollen nur wissen, wann ein Ton gespielt wird, und wie er klingt: akzentuiert oder nicht, hoch oder tief, kurz oder lang.

Im folgenden werden die rhythmischen und melodischen Strukturen der zehn Turniertänze beschrieben. Damit zu einer Musik ein bestimmter Tanz getanzt werden kann, müssen Takt, Rhythmus und Tempo diesem Tanz entsprechen. Mindestens genauso wichtig ist es jedoch, daß der Charakter der Musik eine Atmosphäre schafft, welche die Tänzer in die Stimmung versetzt, diesen Tanz zu tanzen. Weiteres dazu folgt im Kapitel „Die Atmosphäre eines Tanzes".

2.1 Samba, die Musik

Die Musik zu der wir Samba tanzen, bzw. die wir Samba nennen, kommt aus Brasilien. Der Begriff Samba ist dort jedoch ein Sammelbegriff für viele recht unterschiedliche Sambas. Unsere Samba ist also nur eine ganz spezielle davon.

Unsere Samba-Musik wird im 2/4-Takt mit ungefähr 50 - 52 Takten in der Minute gespielt. Zur besseren Übersichtlichkeit, und vielleicht auch, weil es mit weniger Schreibarbeit verbunden ist, werden viele Sambas auch im 2/2-Takt notiert. Die meisten rhythmischen Muster erstrecken sich über zwei Takte. Der Rhythmus ist binär, jedoch können in solistischen Passagen von Schlagzeug, Congas oder Bongos ternäre Rhythmen auftauchen. Die typischen Musikinstrumente für Samba sind spezielle brasilianische Rhythmus-Instrumente: Schüttelrohr, Claves, Pandeiro, Cuica, Agogo, u.a. Grundlage für die Rhythmen der Samba sind Überlagerungen verschiedener Metren.

Der Grundrhythmus der Samba ist:

Samba-Rhythmus 1:

SW: 3/4   1/4 1/1   3/4   1/4 1/1
VS: 1 2 3   4   5 6 7 8 1 2 3   4   5 6 7 8

Dieser Rhythmus wird auf einer großen Trommel geschlagen. Das lateinamerikanische Original-Instrument heißt Surdo. Oft wird dieser Rhythmus auch auf der Bass Drum oder vom Baß gespielt. Beachte, daß die Notation bezüglich der Tonhöhe nicht ganz korrekt ist. Wichtig ist nur, daß die Schläge auf Taktschlag 2 immer tiefer klingen als die Schläge auf Taktschlag 1, auch wenn der Rhythmus variiert wird. Dazu trägt vor allem der Baß bei. Manchmal sind auch folgende Variationen zu hören:

Samba-Rhythmus 2:

Samba-Rhythmus 3:

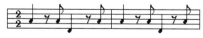

Ein wichtiges Instrument für die Samba ist das Schüttelrohr. Es spielt durchgängig, also ununterbrochen in jedem Taktteil vier Schläge, wobei genau die Schläge akzentuiert sind, die im obigen Samba-Rhythmus 3 gespielt werden.

Samba-Rhythmus 4: (Schüttelrohr)

Die Surdo (große/tiefklingende Trommel, Standtom), die Bass Drum bzw. der Baß spielen immer dann, wenn das Schüttelrohr die akzentuierten Schläge spielt. In der Samba sind diese Rhythmen also eng miteinander verbunden. Die Schläge, die nicht auf die Taktschläge fallen, können hoch oder tief klingen, ganz nach dem Geschmack der Musiker, oder der Melodie entsprechend. Auf dem zweiten Taktschlag, dem fünften Viertelschlag, wird jedoch im Gegensatz zum ersten Taktschlag stets ein tiefer Ton gespielt, falls das entsprechende Musikinstrument diese Möglichkeit bietet. Häufig werden noch andere Rhythmus-Instrumente eingesetzt, welche diese Aufgabe - hohe Töne im ersten Taktteil, tiefe Töne im zweiten - übernehmen, z.B. Cuica oder Agogo.

Samba-Rhythmus 5: (Cuica)

Samba-Rhythmus 6: (Cuica)

Samba-Rhythmus 7: (Agogo)

Samba-Rhythmus 8: (Agogo)

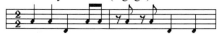

Die Schlagwerte und die Viertelschläge zu den Agogo-Rhythmen sind im Kapitel über den Rhythmus zu finden. Variationen dieser Rhythmen sind durchaus möglich und können unter Umständen sogar wesentlich von den oben angegebenen Beispielen abweichen. Meistens jedoch bleibt das Grundprinzip - hohe Töne im ersten Taktteil, tiefe Töne im zweiten Taktteil - weitgehend erhalten. Die oben beschriebenen Agogo-Rhythmen werden oft auch von anderen, ebenfalls kurzklingenden Instrumenten gespielt, zum Beispiel Cowbell, Tamborim oder einfach auf einem Stück Holz, Woodblock. Sehr häufig ist folgende Variation zu hören:

Samba-Rhythmus 9:

SW: 1/2 1/2 3/4   1/2   1/2 1/4 1/1
VS: **1** 2 3 **4** 5 6 7 **8**   1   **2**   3   **4**   **5** 6 7 **8**

Dieser charakteristische Samba-Rhythmus wird oft fälschlicherweise als *QQS QQaS* interpretiert. (Überlege Dir selbst die Noten, Schlagwerte und Viertelschläge zu *QQS QQaS*. Schlage beide Rhythmen!) Dieser Rhythmus 9 ist oft auch in anderen Figuren enthalten, zum Beispiel in einem Rhythmus, der von der Snare Drum oder einer ähnlichen Trommel gespielt wird.

Samba-Rhythmus 10: (Snare Drum)

Auf der Snare Drum werden dabei alle Viertelschläge gespielt, doch genau die Schläge des Rhythmus 9 akzentuiert. Manchmal erfolgt dabei auch der jeweils zweite Taktschlag, also der fünfte Viertelschlag, auf das Standtom. Der Snare Drum-Schlag wird damit durch einen tiefer klingenden Schlag ersetzt.

Wenn das Pandeiro benutzt wird, so wird es auf allen Viertelschlägen gespielt, also wie Cuica, Schüttelrohr oder der oben notierte Snare Drum-Rhythmus, jedoch mit unterschiedlichen Akzentuierungen und verschiedenen Anschlagtechniken. Das Klappern der Schellen sorgt dabei für einen durchgängigen Fluß in der Samba-Musik, so wie die gerade genannten Instrumente auch.

Auch die Claves kommen in der Samba häufig zum Einsatz. Sie spielen:

Samba-Rhythmus 11: (Claves)

SW: 3/4   3/4   1/1   1/2   1/1
VS: **1**   2   **3**   **4**   5 6 7 **8**   1   2   **3**   **4**   **5**   6 7 **8**

Die Instrumente, die für den Grundrhythmus der Samba verantwortlich sind, die also Taktteile vierteln, bzw. in die Schlagwerte 3/4 ,1/4 aufteilen, klingen nach (Bass Drum, Surdo/tiefe Trommel, Baß) oder spielen durchgängig alle Viertelschläge (Schüttelrohr, Cuica).

Die Instrumente, die auch - oder ausschließlich - kurzklingende Töne erzeugen, Claves, Agogo, Cowbell, usw. spielen Rhythmen, bei denen Taktteile auch halbiert werden.

Betrachtet man die Überlagerung aller Rhythmen, so kann man sagen, daß der zweite Taktschlag eine stärkere Akzentuierung erhält als der erste. Das geschieht dadurch, daß in einigen Rhythmen der erste Taktteil aufgeteilt ist, der zweite jedoch nicht, und dadurch, daß in einigen Rhythmen auf dem ersten Taktschlag gar kein Schlag erfolgt, auf Taktschlag 2 jedoch ein akzentuierter Schlag gespielt wird.

Der Rhythmus der Melodie ist für die Samba nicht entscheidend. Einige klassische Samba-Melodien sind recht schlicht:

'Brazil' (Barroso)

'Quando, Quando, Quando' (Renis, Boone)

Jedoch sind häufig typische Samba-Rhythmen in der Melodie enthalten.

'I Love You And Don't You Forget It' (Mancini, Stillman), CD: 'Mitchell, Master Class'

Die ersten zwei notierten Takte entsprechen dem obigen Samba-Rhythmus 8, der dritte Takt ist eine Variation des Grundrhythmus.

'One Note Samba' (Jobim, Hendricks)

In allen Takten erscheinen Variationen der Samba-Rhythmen 7, 8 und 9. So auch in den folgenden Beispielen, in denen weitere typische Samba-Rhythmen auftauchen:

'Tanajura' (Netinho, Andre, Montenegro, Kaye), CD: 'Macumba'
Thema aus 'Bezaubernde Jeannie':

'Zimbumba' (Moura, Vasco), CD: 'Latinos'

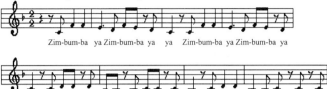

In dem folgenden Stück sind weitere interessante Variationen zu finden:

'La Chica de Cuba' (Dann, Garcia, Lemaitre, Lavil, Homs),
CD: 'Senora Latina 2'

Auch durchgängige Rhythmen, wie das Schüttelrohr, Snare Drum oder Pandeiro spielen, kommen in der Melodie vor:

'Que Sera' (Delgado), CD: 'Senora Latina 2'

2.2 Rumba, die Musik

Sofort zu Beginn dieses Kapitels sei darauf hingewiesen, daß die hier beschriebene Musik, also die, zu der wir Rumba tanzen, eine andere ist, als die, die in Lateinamerika den Namen Rumba trägt. Die Rumba, die ursprünglich aus Kuba stammt, wird wesentlich schneller gespielt als unsere Turnier-Rumba und ähnelt manchmal, denn es gibt auch dort recht unterschiedliche Stilrichtungen, eher unserer Samba. Nicht selten wird auf Tanzturnieren auf solche Rumbas Samba getanzt. Die lateinamerikanische Musik, die unserer Rumba entspricht, ist der Bolero, jedoch nicht zu verwechseln mit dem 'Bolero' des französischen Komponisten Maurice Ravel.

Rumba-Musik, also die Musik, zu der wir auf Turnieren Rumba tanzen, wird im 4/4-Takt mit ungefähr 25 - 26 Takten pro Minute gespielt, manche Rumbas sind auch wesentlich langsamer. Die meisten rhythmischen Muster erstrecken sich über einen Takt, einige auch über zwei Takte, zum Beispiel der Claves-Rhythmus. Der Rhythmus der Rumba ist binär, auch wenn in einigen rhythmischen Figuren Triolen erscheinen können.

Charakteristische Musikinstrumente für die Rumba sind die Maracas, die Claves, Gitarren, Congas, Bongos sowie das Spielen auf den Kesseln der Timbales, anstatt auf deren Fellen.

Im Gegensatz zur Samba, bei der ein Musikinstrument genau den Grundrhythmus des Tanzes spielt, kann man in der Rumba kein einzelnes rhythmisches Muster als den Grundrhythmus identifizieren. Auch in der Samba reicht der Grundrhythmus allein nicht aus, um einem Musikstück den Titel 'Samba' zu verleihen. Bedingt dadurch, was dazu getanzt wird, ist es jedoch leicht, ein rhythmisches Muster hervorzuheben. Anders ist es in der Rumba.

Fälschlicherweise wird häufig folgendes Notenbild als Rumba-Grundrhythmus angegeben:

So etwas wird jedoch in der Rumba-Musik nicht gespielt. Das obige Notenbild soll das Timing der Schritte wiedergeben; dazu sind die Noten nicht geeignet. Möglichkeiten, das Timing zu beschreiben, wurden im Kapitel „Der Rhythmus" vorgestellt.

Der Grundrhythmus der Rumba wird durch viele Instrumente und deren rhythmische Figuren bestimmt, allen voran die Maracas, die Timbales und der Baß.

Rumba-Rhythmus 1: (Maracas, Timbales)

Manchmal wird auch der folgende Rhythmus gespielt.

Rumba-Rhythmus 2: (Maracas, Timbales)

Diese Rhythmen werden sowohl mit den Maracas als auch auf den Timbales gespielt. Die Schläge der Timbales werden mit Stöcken an den Kesselrand ausgeführt. Diese Spieltechnik wird 'Paila' oder 'Cascara' genannt. Der Klang dieser Schläge ist hell, kurz und hart. Die Maracas spielen manchmal auch durchgängig nur Achtel Noten.

Rumba-Rhythmus 3: (Maracas)

Auch der Rhythmus der Timbales wird manchmal variiert, zum Beispiel:

Rumba-Rhythmus 4: (Timbales)

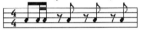

Neben den Maracas und den Timbales steuern die Claves kurze und harte Schläge zur Rumba bei. In diesem Tanz kommen die Claves am häufigsten zum Einsatz. Ihr Rhythmus erstreckt sich über zwei Takte, also über acht Viertel. Die Claves werden also in der Rumba wesentlich langsamer gespielt, das heißt, mit größeren zeitlichen Abständen geschlagen als in der Samba.

Rumba-Rhythmus 5: (Claves)

SW: 3/2   3/2   2/1   1/1   2/1
HS: 1 2   3 4   5 6 7   8   1   2   3 4   5 6 7 8

Auch der folgende Rhythmus wird in einigen Rumbas von den Claves gespielt. Er wiederholt sich in jedem Takt und entspricht der zweiten Hälfte des Claves-Rhythmus im Bossa Nova. Er paßt jedoch auch gut in unsere Rumba.

Rumba-Rhythmus 6: (Claves)

Durch die vielen hellen, kurzen, harten Schläge der oben erwähnten Rhythmen, fällt in der Rumba der tiefe, nachklingende Schlag des Basses, wie auch der Bass Drum, auf Taktschlag 1 besonders schwer ins Gewicht. Außer auf Taktschlag 1 spielen Baß und Bass Drum weitere Schläge, zum Beispiel:

Rumba-Rhythmus 7: (Bass Drum)

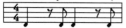

Der Rhythmus des Basses kann sehr unterschiedlich sein, zum Beispiel:

Rumba-Rhythmus 8: (Baß)

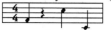

Rumba-Rhythmus 9: (Baß)

Rumba-Rhythmus 10: (Baß)

Es gibt also viele Möglichkeiten, bei allen jedoch spielt der Baß besonders tiefklingende Schläge auf Taktschlag 1 und im Taktteil 4. Der Baß spielt jedoch nicht auf dem Taktschlag 2. Wichtig für die Rumba sind auch die Congas. Auf ihnen werden folgende Rhythmen gespielt. Beachte wiederum, daß die Notation vereinfacht ist, und daß die angegebenen Rhythmen lediglich Beispiele sind.

Rumba-Rhythmus 11: (Congas)

Rumba-Rhythmus 12: (Congas)

Rumba-Rhythmus 13: (Congas)

Der Congaspieler benutzt darüber hinaus meistens nachklingende Schläge (offene Schläge) für die letzten drei Achtel, also auf + 4 +, dagegen einen kurzklingenden Schlag auf dem dritten Achtel, also auf Taktschlag 2.

Wenn die Bongos in der Rumba zum Einsatz kommen, wird auf ihnen meistens der folgende Rhythmus gespielt, der auch 'Martillo' genannt wird.

Rumba-Rhythmus 14: (Bongos)

Rumba-Rhythmus 15: (Bongos)

Auch die Bongos variieren ihren Rhythmus, und häufig werden in diesen Variationen die Taktteile geviertelt. Bemerke an den Conga- und Bongo-Rhythmen, daß im Taktteil 4 viele nachklingende und tiefe Schläge gespielt werden und daß auf Taktschlag 2 ein hoher, kurzer Schlag gespielt wird. Die Rhythmen von Congas und Bongos werden oft auch auf dem Schlagzeug unter Benutzung unterschiedlicher Toms nachempfunden, zum Beispiel:

Rumba-Rhythmus 16: (Schlagzeug)

Durch die besondere Aufteilung des ersten Taktteils, sowie durch den kurzklingenden Schlag in den Conga-Rhythmen, entsteht eine leichte Akzentuierung des zweiten Taktschlages.

2.3 Cha-Cha-Cha, die Musik

Cha-Cha-Cha-Musik wird im 4/4-Takt mit ungefähr 30 - 32 Takten pro Minute gespielt. Die rhythmischen Muster erstrecken sich über einen Takt und sind binär. Charakteristische Musikinstrumente sind Cowbell, Guiro, Maracas und Congas. Wie in der Samba kann man einen Rhythmus klar als den Grundrhythmus des Cha-Cha-Cha erkennen, jedoch wird dieser Grundrhythmus selten von einem Instrument genau so gespielt, sondern er ergibt sich aus der Überlagerung mehrerer Muster.

Cha-Cha-Cha-Grundrhythmus:

Wichtige Beiträge zum Cha-Cha-Cha-Grundrhythmus leisten die Glocke (Cowbell) und der Guiro. Auf diese Instrumente kann ein guter Cha-Cha-Cha kaum verzichten.

Cha-Cha-Cha-Rhythmus 1: (Cowbell)

Cha-Cha-Cha-Rhythmus 2: (Guiro)

Cowbell und Guiro variieren ihre Rhythmen nur selten. Wenn sie variieren, kann es sein, daß sie genau den Grundrhythmus spielen. Die Maracas spielen im Cha-Cha Cha meistens durchgängig die Achtel, manchmal mit Akzentuierung auf den Taktschlägen, in seltenen Fällen wird mit ihnen auch der Rhythmus 2 gespielt.

Cha-Cha-Cha-Rhythmus 3: (Maracas)

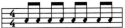

In den bisher vorgestellten Rhythmen 1, 2 und 3 wird in den Taktteilen 1 und 2 genau das gleiche gespielt wie in den Taktteilen 3 und 4. Einen Beitrag dazu, daß sich der Taktteil 4 dennoch anders anhört als Taktteil 2, leisten neben den Congas die Timbales, die im Cha-Cha-Cha mit den Händen auf den Fellen angeschlagen werden.

Cha-Cha-Cha-Rhythmus 4: (Timbales)

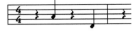

Dabei ist für uns Tänzer die rhythmische Aufteilung an sich nicht so wichtig, sondern wichtig ist, wie die Schläge klingen. Der tiefere und ungedämpfte, also nachklingende Schlag auf 4 gibt diesem Taktteil mehr Gewicht. Das wird unterstützt durch die Congas und gegebenenfalls durch die Bongos. Hier einige Beispiele:

Cha-Cha-Cha-Rhythmus 5: (Congas)

Cha-Cha-Cha-Rhythmus 6: (Congas)

Cha-Cha-Cha-Rhythmus 7: (Congas)

Cha-Cha-Cha-Rhythmus 8: (Bongos)

Bei den Conga-Rhythmen werden die Schläge im vierten Taktteil nachklingend gespielt und manchmal auch akzentuiert. Auf dem zweiten Taktschlag wird ein kurzklingender Schlag gespielt.

Auch die Claves können im Cha-Cha-Cha zum Einsatz kommen und spielen dann wie in der Rumba.

Die Unkompliziertheit und Klarheit der Cha-Cha-Cha-Rhythmen haben dem Cha-Cha-Cha schnell zu großer Beliebtheit verholfen. Man sollte jedoch beachten, daß der Cha-Cha-Cha-Rhythmus sich deutlich vom typischen Disco-Rhythmus unterscheidet, und zwar durch die Halbierung des vierten Taktteils in fast allen rhythmischen Figuren, durch die tieferen Töne im vierten Taktteil und durch den Einsatz typischer lateinamerikanischer Musikinstrumente.

Prinzipiell sind im Cha-Cha-Cha alle vier Taktschläge gleichermaßen akzentuiert, besonders die Cowbell trägt dazu bei. Jedoch entsteht durch die Aufteilung des zweiten sowie des vierten Taktteils eine etwas stärkere Akzentuierung auf dem dritten, besonders aber auf dem ersten Taktschlag.

Der Rhythmus des Cha-Cha-Cha wird meistens durch den Rhythmus der Melodie dadurch unterstützt, daß der vierte Taktteil in zwei Achtel aufgeteilt ist. In einigen klassischen Cha-Cha-Cha-Melodien sind die Rhythmen der Percussion-Instrumente wiederzufinden, insbesondere die Aufteilung des vierten Taktteils in zwei Achtel:

'Rico Vacilon' (Ruiz)

'El Bodeguero' (Egues)

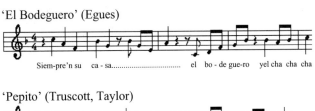

'Pepito' (Truscott, Taylor)

In den folgenden Beispielen ist der Grundrhythmus schon etwas stärker variiert, aber der vierte Taktteil wird immer wieder durch eine Achtel Note geteilt:

'Tea For Two' (Ceasar, Youmans)

'Rebecca' (Pagano, Loti, Madinez), CD: 'Klaus Hallen 3'

Manchmal sind auch alle Taktteile in der Melodie in zwei Achtel aufgeteilt, also halbiert.

Im Cha-Cha-Cha taucht ein kleines Kuriosum auf, das besonders Anfänger manchmal irritiert. Tanzlehrer und Trainer zählen im Cha-Cha-Cha oft anstelle von *'1-2-3-4-+-1'* mit *'1-2-3-Cha-Cha-Cha'*, also *'Cha-Cha-Cha'* auf *'4-+-1'*. Wenn die Sänger (eher wahllos) lautmalerisch irgendwelche Worte mitsingen, z.B. „Wuppertal - - Cha Cha Cha", dann singen sie natürlich *'Cha-Cha-Cha'* auf *'4-+-1'*, denn so oder ähnlich ist der Name für diesen Tanz schließlich entstanden. In fast allen halbwegs sinnvollen Texten zu Cha-Cha-Cha-Melodien jedoch wird *'Cha-Cha-Cha'* nicht auf *'4-+-1'* gesungen. In dem Beispiel oben, 'Besame Asi' wird *'Cha-Cha-Cha'* auf *'1-+-2'* gesungen, in dem folgenden Beispiel auf *'1-+-(2)+'*. Weißt Du nun, warum das so ist? Schau nach im Kapitel „Das Metrum".

'Everybody Loves To Cha-Cha-Cha' (Cooke), CD: 'The Best Of Step In Time'

They love to Cha Cha Cha, they love to Cha Cha Cha,   ev'-ry-bo-dy loves to Cha Cha Cha

2.4 Jive, die Musik

Jive-Musik wird im 4/4-Takt mit ungefähr 42 - 44 Takten pro Minute gespielt, oft auch langsamer. Der Grundrhythmus erstreckt sich über zwei Viertel, also nur über einen halben Takt. Der Rhythmus im Jive ist ternär, das heißt, immer wenn in einem Taktteil mehrere Schläge erfolgen, sind die dazugehörenden Schlagwerte nicht 1/2, 1/4 oder 3/4, sondern 1/3 oder 2/3. Beachte dabei, daß im allgemeinen die Notierung in dieser Hinsicht nicht immer mit dem übereinstimmt, was tatsächlich gespielt wird. Das heißt, die Notierung ist meistens binär. Im folgenden ist die rhythmische Aufteilung so notiert, wie die Musik tatsächlich gespielt wird. Im Jive häufig verwendete Musikinstrumente sind Schlagzeug, Gitarren und Blechbläser. Der Grundrhythmus im Jive ist:

Jive-Rhythmus 1:

SW: 2/3 1/3 1/1 2/3 1/3 1/1
DS: 1 2 3 4 5 6 1 2 3 4 5 6

Dieser Rhythmus wird vom Schlagzeuger auf einem Becken geschlagen, meistens werden durch das Becken (Hi Hat) jedoch alle Taktteile ternär geteilt; die Taktschläge 2 und 4 werden akzentuiert.

Jive-Rhythmus 2: (Becken)

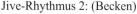

Außer dem Schlagzeug spielen auch Klavier oder Gitarre diesen (Shuffle-) Rhythmus. Der Schlagzeuger bedient sich der Möglichkeit, den Grundrhythmus zu variieren, jedoch immer ternär. Das geschieht meistens durch sogenannte Läufe über die Toms.

Jive-Rhythmus 3: (Toms)

Wichtig für den Jive ist, wann der Baß spielt. Er spielt im Jive auf allen Taktschlägen. Das unterscheidet den Jive wesentlich von Slowfox und Quickstep. Es macht den Jive schnell, obwohl doch der Quickstep mit mehr Takten pro Minute gespielt wird. Beispiele:

Jive-Rhythmus 4: (Baß)

Jive-Rhythmus 5: (Baß)

Auch im Jive ist darüber hinaus wichtig, wann hohe und wann tiefe Schläge ertönen. Der Schlagzeuger schlägt die Baßtrommel im Jive - wie oben erwähnt - auf allen Taktschlägen. Auf dem zweiten und dem vierten Taktschlag erfolgt darüber hinaus ein akzentuierter Schlag auf der Snare Drum. Häufig wird auch zusätzlich auf dem zweiten und dem vierten Taktschlag ein Tamburin angeschlagen oder in die Hände geklatscht. Die Akzentuierung auf den Taktschlägen 2 und 4 wird durch die Aufteilung der Taktteile 1 und 3 im Grundrhythmus noch verstärkt.

Jive-Rhythmus 6: (Bass Drum)

Jive-Rhythmus 7: (Snare Drum)

Dadurch ergeben sich auf den Taktschlägen 2 und 4 höherklingende Schläge als in den Taktteilen 1 und 3. Beachte, daß die Akzentuierungen und der Klang des Jive-Rhythmus dem Twist sehr ähnlich sind. Jive und Twist unterscheiden sich jedoch wesentlich, und zwar dadurch, daß der Rhythmus des Twist binär ist. Hier einige Beispiele für beliebte Stücke, die keine Jives sind:

'It's Late' (Burnette) von Shakin Stevens, 'Viva La Mamma' (De Rienzo, Spina) von Edoardo Bennato oder 'Little Shop Of Horrors' (Ashman, Menken) aus dem gleichnamigen Film, wobei auch die Versionen des 'Tanzorchester Klaus Hallen' den gleichen Mangel aufweisen. Dieser Mangel ist keine Kleinigkeit, er ist entscheidend!

Der (ternäre, swingende) Grundrhythmus des Jive ist immer auch in der Melodie enthalten, dort aber selten durchgängig, sondern in ständig wechselnden Variationen. Typisch für den Jive ist also die ternäre Aufteilung der Taktteile, besonders des ersten und des dritten, innerhalb der Melodie.

'Rock Around The Clock' (Freedman, de Knight),

CD: 'Mitchell, All Night Long'

One, two, three o'-clock, four o'-clock, rock,

'My Baby Just Cares For Me' (Kahn, Donaldson), CD: 'Dancelife's Best'

'Reet Petite' (Gordi, Carlo), CD: 'Fiesta For Two'

'Crazy Little Thing Called Love' (Mercury), CD: 'Queen Greatest Hits'

Das sieht sehr unübersichtlich aus, und deshalb ist es im Original natürlich binär notiert. Bei der Original-Interpretation dieses Stückes von 'Queen' wird der Swing-Rhythmus auch durch den Baß unterstützt, der hier den oben notierten Jive-Rhythmus 5 spielt.

Insbesondere im Refrain der Jives sind oft alle Taktteile im Verhältnis 2/3 - 1/3 aufgeteilt:

'Runaround Sue' (Chinn, Chapman), CD: 'Latin Challenge'

'Over And Over' (Byrd), CD: 'The Latin Masters'

'Baby Come Back To Me' (Gershovsky, Bentyne, Hauser, Paul, Siegel)
CD: 'Pais Tropical' oder im Original von 'Manhattan Transfer'

dit dot dit-ty dit   dot   a dit-ty dit-ty dit dot dit-ty   dit   dot   a dit-ty dit-ty

dit dot dit-ty,   ba - by come back to me - eee

Betrachte bei diesem letzten Beispiel 'Baby Come Back To Me' die erste Notenzeile noch einmal etwas genauer. Kannst Du Dir vorstellen, wie es sich anhört, wenn man es nicht ternär, sondern binär singt oder spielt? Es entspricht dann einem typischen Samba-Rhythmus.

Oben ist schon erwähnt worden, daß im Begleitrhythmus auch Achteltriolen gespielt werden. In den Jive-Melodien tauchen manchmal Vierteltriolen auf.

'Stuff like that there' (Livingston, Evans, Goldsen),
CD: 'For The Boys' (Bette Midler) oder 'German Open Dancing 2'

I want some hug-gin and some squee-zin and some muggin and some tea-sin and some stuff like that there

'Choo Choo Ch' Boogie' (Horton, Darling, Gabler)
CD: 'Tauber, Musicals II' oder 'Crane, Feel Like Dancing'

Choo Choo, Choo   Choo Ch' Boo-gie, take me right back to the track, Jack

Besonders im Jive tragen die Bläser viel zum Rhythmus bei. Oft sind gerade diese Stellen die eigentlichen 'Ohrwürmer'.

'Be My Guest' (Domino, Marascalo, Boyce), CD: 'Senora Latina 2'

'Big Time Operator' (Morris), CD: 'Cafe Paradiso'

Sehr schön ist es, wenn Gesang und Bläser sich abwechseln, besonders dann, wenn die Melodie nicht durchgängig swingt.

'Go On Fool' (Bartholomew, Esther), CD: 'Pais Tropical'

2.5 Paso Doble, die Musik

Die Paso Doble-Musik, die im Gesellschafts- sowie im Turniertanz gebräuchlich ist, wird im 2/4-Takt mit 60 Takten in der Minute gespielt. Es gibt auch Paso Doble-Musik im 3/4-Takt. Diese findet im Tanzsport nur äußerst selten Anwendung, nämlich in Formationsmusiken, in Kürmusiken oder für Schaudarbietungen. Der Rhythmus des Paso Doble ist binär, obwohl in manchen rhythmischen Figuren, wie auch in der Melodie, Triolen erscheinen können. Typische Musikinstrumente für den Paso Doble sind Gitarren, Blechbläser, Schlagzeug, vor allem aber die Kastagnetten. Um die Paso Doble-Musik genauer zu beschreiben, muß man auch unter den Paso Dobles im 2/4-Takt noch unterscheiden, und zwar zwischen den sogenannten 'ausgezählten' Paso Dobles, also denen, die mit 'Höhepunkten' versehen sind und sich deshalb unter den Turniertänzern besonderer Beliebtheit erfreuen, und den übrigen, nicht 'ausgezählten', die ohne Höhepunkte auskommen müssen.

Der bekannteste und am häufigsten gespielte Paso Doble ist der 'Spanische Zigeunertanz' (Spanish Gipsy Dance, Espana Cani), komponiert von Pascual Marquina. Dieser Paso Doble, 'Espana Cani', gehört zu den mit Höhepunkten versehenen Paso Dobles. Man kann davon ausgehen, daß der Komponist dieses Stück nicht als Tanzmusikstück, sondern eher als ein sinfonisches Werk geschaffen hat. Aufgrund dessen bietet der 'Espana Cani' musikalisch zwar viel, schafft aber für uns Tänzer einige Probleme. Er war wohl der erste Paso Doble, der auf diese Art und Weise phrasiert ist, und lange Zeit auch der einzige, der auf Tanzturnieren benutzt wurde. Vor allem in den letzten Jahren wurden viele Paso Dobles komponiert oder bereits komponierte Musikstücke zu Paso Dobles arrangiert, denen der 'Espana Cani' als Vorlage gedient hat, so daß diese denselben melodischen und rhythmischen Aufbau haben wie er. Die Besonderheiten dieser Paso Dobles werden gleich am Beispiel des 'Espana Cani' noch genauer beschrieben.

Im allgemeinen, also bei allen Paso Dobles im 2/4-Takt, erstrecken sich die rhythmischen Muster über vier Viertel, also zwei Takte. Der Grundrhythmus, an dem man den Paso Doble sofort erkennt, taucht häufig innerhalb der Melodie auf, wird aber auch vom Schlagzeug, dem Tamburin, meistens jedoch mit Kastagnetten gespielt.

'Espana Cani' (Marquina)

Paso Doble-Rhythmus 1: (Kastagnetten)

Die Kastagnetten spielen jedoch manchmal statt dessen
Paso Doble-Rhythmus 2: (Kastagnetten)

Darüber hinaus spielen Baß und Bass Drum auf den Taktschlägen und die Snare Drum dazwischen. Dadurch erhält dieser Tanz seinen Marsch-Charakter.

Paso Doble-Rhythmus 3: (Bass Drum)

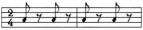

Paso Doble-Rhythmus 4: (Bass Drum)

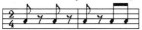

Paso Doble-Rhythmus 5: (Snare Drum)

Manchmal wird auf der Snare Drum auch der Rhythmus 1 gespielt.

Bei einem Paso Doble im 3/4-Takt würden die Kastagnetten folgenden Rhythmus spielen:

Dieser Begleitrhythmus, auch wenn er von anderen Instrumenten als den Kastagnetten gespielt wird, verhindert, daß man zu solcher Musik Walzer tanzt. Das Musikstück 'Conquest of Paradise' von 'Vangelis' zum Beispiel beinhaltet diesen Rhythmus. Es ist jedoch auch kein Paso Doble, denn dazu sind die Akzentuierungen zu schwach (siehe „Langsamer Walzer, die Musik").

Prinzipiell sind beim Paso Doble alle Taktschläge akzentuiert, besonders stark jedoch immer der erste Taktschlag des ersten Taktes eines rhythmischen Musters, also der jeweils erste von vier durch den Rhythmus zusammenhängenden Taktschlägen. Dabei ist zu beachten, daß durch den Rhythmus zwar jeweils zwei Takte zu einer Figur verbunden sind, jedoch die Themen der Melodie stets vier Takte, also acht Taktschläge zu einer Phrase verbinden.

Aber genau das wird beim 'Espana Cani' sowie bei seinen 'Kopien' nicht eingehalten. Deshalb soll im folgenden der Aufbau des 'Espana Cani' in seinen Rhythmen und seiner Phrasierung genauer untersucht werden. Ein Paso Doble zeichnet sich jedoch nicht dadurch aus, daß die Phrasierung der des 'Espana

Cani' entspricht, sondern durch die oben beschriebenen Rhythmen und die besondere Stimmung. Ein Musikstück mit der gleichen Phrasierung, wie sie der 'Espana Cani' aufweist, ist deshalb noch lange kein Paso Doble. Beispiele dafür finden sich auf mehr oder weniger aktuellen Tanzplatten reichlich. Häufig ist dabei die Phrasierung dem 'Espana Cani' entsprechend, an der gleichen Stelle wird eine Fanfare und ein Tusch gespielt, aber mit Paso Doble hat das Musikstück nichts gemeinsam, sondern eher mit Discofox oder Square-Dance. Ziemlich fürchterlich sind zum Beispiel: 'Da ya think I'm sexy', 'Rosamunde', 'Theme from Titanic', wobei diese drei nur die Spitze des Eisberges bilden.

Um einen schönen Paso Doble zu finden, der uns mit Höhepunkten verschont, muß man mittlerweile leider schon sehr tief in die CD-Kiste, ja sogar in den Schallplattenschrank greifen.

Es soll jedoch nicht unerwähnt bleiben, daß auch auf aktuellen Tanzplatten sehr gute Paso Dobles zu finden sind, deren Phrasierung dem 'Espana Cani' entspricht, zum Beispiel:
'Toque Torero' von Werner Tauber (CD: 'Darf ich bitten? Vol. 2'),
'Ronda' von Detlef Badke (CD: 'Senora Latina 2'),
'Vamos Amigos' von Dirk Schweppe (CD: 'The Latin Masters') oder
'El Conquistador' von Michael Wilson (CD: 'Dancing With Time').

Der 'Espana Cani' gliedert sich in drei Teile, die jeweils mit einem Höhepunkt enden. Dabei ist ein Höhepunkt ein heftig akzentuierter Schlag auf dem ersten Taktschlag, verbunden mit einer Pause aller Instrumente auf der zweiten Hälfte des ersten Taktteils. Der zweite Taktteil bildet meistens einen Auftakt für die Weiterführung der Melodie.

Der erste Teil besteht aus 44 Takten, der erste Höhepunkt ist der erste Taktschlag des 44. Taktes.

Der zweite Teil besteht aus 35 Takten. Der erste Taktschlag des insgesamt 79. Taktes, also des 35. des zweiten Teils, ist der zweite Höhepunkt. Man nennt ihn auch den 'großen' Höhepunkt. Er wird durch eine Fanfare angekündigt.

Der dritte Teil besteht aus 43 Takten, wobei meistens von diesem 43. Takt, also dem 122. Takt insgesamt, nur der erste Taktschlag gespielt wird. Dieser ist der dritte Höhepunkt und damit ist das Musikstück zu Ende. Manchmal wird auch danach noch ein akzentuierter Schlag, ungefähr wie ein Tusch, gespielt.

Zusätzlich zu diesen drei Höhepunkten taucht innerhalb des ersten Teils ein 'kleiner' Höhepunkt auf, und zwar der erste Taktschlag des 17. Taktes. Dieser ist verbunden mit einem Themenwechsel in der Melodie.

Die Phrasierung der Melodie faßt beim 'Espana Cani' folgendermaßen Takte zu melodischen Gruppen zusammen:

1. Teil:

1.-4., 5.-8., 9.-12., 13.-16. Takt	4 x 4 Takte
17.+18. Takt	1 x 2 Takte
19.-22., 23.-26., 27.-30., 31.-34., 35.-38., 39.-42. Takt	6 x 4 Takte
43.+44. Takt	1 x 2 Takte

2. Teil:

1.-4. Takt	1 x 4 Takte
5.-7. Takt	1 x 3 Takte
8.+9. Takt	1 x 2 Takte
10.-13. Takt	1 x 4 Takte
14.-16. Takt	1 x 3 Takte
17.-20., 21.-24., 25.-28. Takt	3 x 4 Takte
29.-35. Takt	1 x 7 Takte

3. Teil:

1.-4., 5.-8., 9.-12., 13.-16., 17.-20., 21.-24., 25.-28., 29.-32., 33.-36. Takt	9 x 4 Takte
37.+38. Takt	1 x 2 Takte
39.-43. Takt	1 x 5 Takte

Bei manchen Arrangements anderer Musikstücke als 'Espana Cani' gliedert sich der zweite Teil auch:

2. Teil:

1.-4., 5.-8., 9.-12., 13.-16., 17.-20., 21.-24., 25.-28. Takt	7 x 4 Takte
29.-35. Takt	1 x 7 Takte

2.6 Langsamer Walzer, die Musik

Der Langsame Walzer wird im 3/4-Takt mit ca. 28 - 30 Takten pro Minute gespielt. In jedem Takt gibt es also nur eine starke Betonung, nämlich auf dem ersten Taktteil. Diese Betonung wird durch den Begleitrhythmus unterstützt, falls Instrumente zur rhythmischen Begleitung eingesetzt werden, was jedoch nicht unbedingt der Fall sein muß. Auch der Baß unterstützt die Betonung des ersten Taktteils. Meistens spielt der Baß im Langsamen Walzer folgende Muster, natürlich sind auch andere Muster oder Variationen möglich.

Langsamer Walzer-Rhythmus 1: (Baß)

Langsamer Walzer-Rhythmus 2: (Baß)

Langsamer Walzer-Rhythmus 3: (Baß)

Langsamer Walzer-Rhythmus 4: (Baß)

Der Rhythmus kann beim Langsamen Walzer binär, er kann aber auch ternär sein. Hier einige Beispiele:

Langsamer Walzer ternär:

'Hello Memory' (Faith), Al Martino (CD: 'the best')
'With Pen In Hand' (Goldsboro), Bobby Goldsboro
'Tonight' (VanHoy, Cook), Barbara Mandrell
    (CD: 'The Best Of Barbara Mandrell' oder 'Dancelife´s Internat. Standard')
'My Cup Runneth Over' (Schmidt, Jones), Des O'Connor
                           (CD: 'the best Slow Waltz')
'Dear Heart' (Livingston, Evans, Mancini), Andy Williams
                                  (CD: 'Greatest Hits')

Langsamer Walzer binär:

'May Each Day' (Green, Wyle), Andy Williams (CD: 'the best IV')
'Today' (Clark, Harris), Bobby Goldsboro (CD: 'the best VI')
'Fascination' (Marchetti, Manning), Nat King Cole (CD: 'the best')
'Wednesdays Child' (Barry, David), Peter Douglas (CD: 'Ballroom Swing')
'My Cup Runneth Over' (Schmidt, Jones), Max Bygraves (CD: 'the best VIII')

Dazu sei bemerkt, daß auch bei binären Langsamen Walzern ternäre Passagen auftauchen können. Häufig kommen auch im Begleitrhythmus ternäre Muster vor, obwohl der Rhythmus der Melodie binär ist.

Grundsätzlich spielt der Rhythmus der Melodie keine Rolle bei der Beantwortung der Frage, ob ein Musikstück ein Langsamer Walzer ist oder nicht.

Wenn ein Begleitrhythmus vorhanden ist, kann dieser jedoch entscheidend beeinflussen, ob ein Musikstück im 3/4-Takt ein Langsamer Walzer ist. Das folgende Musikstück ist kein Langsamer Walzer:

'Conquest Of Paradise' (Vangelis), interpretiert von Vangelis

Falls ein Schlagzeug zur Begleitung eingesetzt ist, werden auf der Bass Drum meistens die oben angegebenen Rhythmen 1 oder 4 gespielt. Auf den Taktschlägen 2 und 3 wird die höherklingende Snare Drum geschlagen, jedoch sehr sanft, zum Beispiel mit den Besen.

Langsamer Walzer-Rhythmus 5: (Snare Drum)

Zusätzlich spielt der Schlagzeuger auf einem Becken:

Langsamer Walzer-Rhythmus 6: (Becken)

Der Begleitrhythmus ist also, unabhängig von der Melodie, fast immer ternär. Das gilt insbesondere für die Langsamen Walzer von Tanzorchestern. Beispiele:

'Moon River' (Mancini, Mercer)
    Orchester Werner Tauber (CD: 'Ballroom Classics One')
'If I Ever See You Again' (Brooks)
    Tanzorchester Klaus Hallen (CD: 'Slow Waltz Collection')

Durch den Einsatz der Bass Drum wird die natürliche Betonung der Melodie unterstützt oder verstärkt. Auf sonstige Rhythmus-Instrumente kann der Langsame Walzer gut verzichten. Er kann sogar ohne Schlagzeug auskommen, zum Beispiel:

'Morning Song' (Herberman) (CD: 'Ballroom Swing')
'Once You Had Gold' (Enya, Ryan) (CD: 'Ballroom Magic')
'Serenade To Spring' (Lovland) (CD: 'Swing & Dance') oder
'Nocturne' (Lovland, Skavlan), Secret Garden,
                      (CD: 'the best V' oder 'Superior Dancing VI')

Die Melodie kann von nahezu allen dazu geeigneten Instrumenten gespielt werden, Streicher oder Bläser, aber auch Gitarren oder Klavier.

2.7 Wiener Walzer, die Musik

Der Wiener Walzer wird im 3/4-Takt gespielt. Das Tempo ist 60 Takte pro Minute. Typische Musikinstrumente für den Wiener Walzer sind Geigen. Wie im Langsamen Walzer gibt es nur eine starke Betonung, nämlich auf dem ersten Taktteil. Der Baß spielt meistens nur den ersten Taktschlag.

Leider wird manchmal der ternäre Rhythmus eines Blues (2/4-Takt mit ca. 20 Takten pro Minute) mit Wiener Walzer verwechselt, und zwar dadurch, daß bei solchen Musikstücken meistens auf einem Becken durchgängig Achteltriolen gespielt werden. Höre Dir zum Beispiel das Stück an: 'When A Man Loves A Women', (Lewis, Wright), gesungen von Percy Sledge. Auch die folgenden Titel sind keine Wiener Walzer: 'The Love Of A Woman' (CD: 'Werbemelodien') oder 'Midnight Cowboy' (CD: 'the best II').

Der Rhythmus des Wiener Walzer ist binär, häufig jedoch werden die Taktteile überhaupt nicht aufgeteilt.

'Chim Chim Cheree' (Sherman, Sherman),
         CD: 'the best IV' oder 'The Chrisanne Collection'

Es ist auffällig, daß in vielen Wiener Walzer Melodien Töne auf dem ersten und dritten, nicht aber auf dem zweiten Taktschlag angeschlagen werden. Dadurch wird die Betonung des ersten Taktteils verstärkt.

'Wie ein Wunder kam die Liebe' (Dölle, Balz),
         CD: 'TanzGala - Palast Orchester'

'Tulpen aus Amsterdam' (Arnie, Neumann-Bader), CD: 'the best V'

'Das muß ein Stück vom Himmel sein' (Heymann, Gilbert)

Das muß ein Stück vom Him - mel sein, Wien und der Wein!

'Once Upon A December' (Flaherty, Ahrens), CD: 'Ballroom Swing'

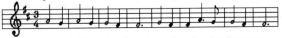

some-one holds me safe and warm hor-ses frenz through a sil-ver storm

fi-gures dan-cing grace-ful - ly a - cross my me - mo - ry

Natürlich dürfen auch in den Wiener Walzern Achtel Noten auftauchen, wie zum Beispiel im Refrain von 'Chim Chim Cheree' oder im folgenden Musikstück.

'Boom Bang A Bang' (Warne, Moorehouse)
                        CD: 'Superior Dancing II' oder 'Hallen, World Hits'

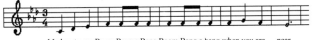

My heart goes Boom Bang a Bang Boom Bang a bang, when you are   near, ...

Doch auch in den klassischen Wiener Walzern gibt es kleine rhythmische Verschiebungen, die man durchaus als Synkopen bezeichnen kann, zum Beispiel oben bei 'Das muss ein Stück vom Himmel sein'. Manchmal geschieht das nicht nur in einem Takt, sondern diese rhythmische 'Unebenheit' ist gerade das Charakteristische des Stückes.

'G´schichten aus dem Wienerwald' (Strauß)
                        CD: 'Hisao Sudou, Best Selection For Ballroom Dancing'

'Wonderful Copenhagen' (Losser), CD: 'Mitchell, Face The Music'

Won-der-ful, won-der-ful Co-pen -ha-gen friend-ly old   girl of a   town

Obwohl auch der Wiener Walzer auf das Schlagzeug verzichten kann, zum Beispiel 'The Orient Express' (Bennet, Rodney) (CD: 'Ballroom Magic'), gehört das Schlagzeug eher zum Wiener Walzer als zum Langsamen Walzer. Wenn es nicht zu heftig geschlagen wird, kann es der Musik durchaus eine festliche Stimmung verleihen und die Betonung der *Eins* unterstreichen. Der Schlagzeuger spielt die Bass Drum auf dem ersten Taktschlag, die Snare Drum auf 2 und 3.

Wiener Walzer-Rhythmus 1: (Bass Drum)

Wiener Walzer-Rhythmus 2: (Snare Drum)

Zusätzlich wird beim Wiener Walzer der erste Taktschlag durch einen Beckenschlag akzentuiert.

Wiener Walzer-Rhythmus 3: (Becken)

Sehr oft wird die Snare Drum im Wiener Walzer ein wenig anders gespielt als oben notiert. Kurz vor dem Schlag auf Taktschlag 2 wird ein weiterer Schlag auf der Snare Drum gespielt. Dadurch erhält der Wiener Walzer zusätzlichen 'Swing'. Der Notenwert dieses zusätzlichen Schlages ist nicht genau definiert. Eine Vielzahl unterschiedlicher Snare Drum-Rhythmen für Wiener Walzer kann man hören bei 'Love`s Roundabout' (Strauß) mit 'Geoff Love & His Orchestra' (CD: 'the best VII').

Wiener Walzer-Rhythmus 4: (Snare Drum)

An dieser Stelle sei ein kleiner Vorgriff auf den Tanz 'Wiener Walzer' gestattet. Leider gibt es viele Paare, die, sei es unbeabsichtigt oder absichtlich, versuchen, dem Tanz dadurch seinen 'Swing' zu geben, daß sie die Schritte auf nicht eindeutig definierten Zählzeiten setzen. In anderen Tänzen kommt dies auch vor. Das führt jedoch nicht zu dem gewünschten Ergebnis, sondern dazu, daß man weder im Takt noch im Rhythmus tanzt. Man ist damit völlig aus der Musik, bzw. neben der Musik.

2.8 Slowfox, die Musik

Der Slowfox wird im 4/4-Takt mit ca. 28 - 30 Takten pro Minute gespielt. In jedem Takt gibt es also zwei starke Betonungen, nämlich auf dem ersten und auf dem dritten Taktteil, wobei natürlich auf dem ersten Taktteil die stärkere Betonung liegt. Der Baß und die Bass Drum unterstützen diese Betonungen. Der Rhythmus des Slowfox ist ternär. Baß und Bass Drum teilen meistens das zweite und das vierte Viertel des Taktes ternär auf und sorgen damit für den 'Swing'.

Slowfox-Rhythmus 1: (Baß, Bass Drum)

Slowfox-Rhythmus 2: (Baß, Bass Drum)

Die so entstandenen 'Lücken' auf dem zweiten und dem vierten Taktschlag werden durch Schläge auf ein Becken ausgefüllt.

Slowfox-Rhythmus 3: (Hi Hat)

Slowfox-Rhythmus 4: (Snare Drum, Besen)

Auch die Snare Drum, die im Slowfox meistens mit einem Besen statt mit einem Stock gespielt wird, trägt so wesentlich zum Swing-Rhythmus des Slowfox bei. Außerdem werden mit der Snare Drum oft die Taktschläge 2 und 4 akzentuiert. Der Rhythmus 4 wird häufig auch auf dem Becken (Hi Hat) gespielt und auch dann sind die Taktschläge 2 und 4 akzentuiert (im Gegensatz zum Quickstep).

Durch diese Akzentuierungen wird der Rhythmus des Slowfox dem des Jive sehr ähnlich. Achte deshalb auf die feinen Unterschiede. Man sollte sich die Mühe machen, genau hinzuhören, denn nicht jedes langsame Musikstück mit ternärem Rhythmus ist gleich ein Slowfox, manchmal ist es auch ein langsamer Jive, manchmal auch weder Jive noch Slowfox. Einen Beitrag zur Unterscheidung von Slowfox und Jive liefert auch der Rhythmus der Melodie, in der beim Slowfox häufig Viertel Noten gespielt, also keine Taktteile aufgeteilt werden.

'More' (Oliviero, Ortolani, Ciorciolini, Newell),
CD: 'the best' oder 'Superior Dancing III'

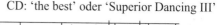

More than the grea-test love the world has known, this is the love I give to you a - lone

'I Will Wait For You' (Legrand, Gimbel),
CD: 'the best V', 'Superior Dancing II' oder Superior Dancing V'

If it takes for - ev - er I will wait for you

'Days Of Wine And Roses' (Mancini)

Wenn überhaupt Taktteile aufgeteilt werden, im Slowfox immer ternär, so sind dies meistens der zweite und der vierte Taktteil.

'I Love Paris' (Porter)

I love Pa - ris ev' - ry mo-ment, ev'-ry mo-ment of the year

'Danke schön' (Kaempfert, Schwabach)

...weil ich fast ein Jahr nur durch dich gren - zen - los glück - lich war.

'April Love' (Fain, Webster)

A - pril love is for the ve - ry young

'Comme Ci, Comme Ca' (Whitney, Kramer, Dudan, Coquatrix),
CD: 'the best VIII'

I al-ways say comme ci comme ca and go my way comme ci comme ca

'I'll Build A Stairway To Paradise' (Gershwin), CD: 'Ballroom Magic'

I'll build a stair-way to pa-ra-diese with a   new step ev'-ry day

I'm gon-na get there at   a-ny price stand a - side I'm on my way

'Raindrops Keep Fallin' On My Head' (Bacharach, David),
           CD: 'The Best Of Step In Time'

Rain-drops keep fal-lin' on my head and just like the guy whose feet are too big for his bed

Besonders im letzten Beispiel sind viele Taktteile ternär aufgeteilt. Offensichtlich dominiert jedoch eine Aufteilung in den Taktteilen 2 und 4.

Auch die Melodien, welche mit Viertel Noten oder Halben Noten niedergeschrieben sind, werden beim Musizieren nicht so steril gespielt oder gesungen.

'Somebody Loves Me' (Gershwin)

Some-bo-dy loves me,   I won-der who,   I won-der who she can   be

'Somebody Loves Me' mit Alma Cogan, CD: 'the best Slowfox'

Some-bo-dy loves me,   I won-der who,   I won-der who   he can be

Wie beim Langsamen Walzer spielt es auch beim Slowfox keine entscheidende Rolle, welche Instrumente die Melodie spielen, meistens jedoch sind es Bläser oder Streicher (oder Sänger).

2.9 Quickstep, die Musik

Der Quickstep wird im 4/4-Takt mit 50 - 52 Takten in der Minute gespielt. In jedem Takt gibt es also zwei starke Betonungen, nämlich die *Eins* und die *Drei*. Diese melodischen Betonungen werden im Quickstep durch den Begleitrhythmus unterstützt. Dazu tragen vor allem der Baß und die Bass Drum bei, die, im Gegensatz zum Jive, im Quickstep nur den ersten und den dritten Taktschlag spielen. Dadurch wirkt der Quickstep langsamer als der Jive. Das merkt man auch, wenn man den Quickstep zum Tanzen einzählt. Mit „Eins-Zwei-Drei-Vier" zählt man im Quickstep nicht die vier Taktschläge eines Taktes, sondern die vier Schwerpunkte über zwei Takte. Man zählt, wie der Baß und die Bass Drum spielen, also langsamer als im Jive, obwohl das Tempo des Quickstep höher ist.

Quickstep-Rhythmus 1: (Bass Drum, Baß)

Der Rhythmus des Quickstep ist ternär. Im Gegensatz zum Slowfox teilt der Baß die Taktteile fast nie auf. Die ternäre Aufteilung liegt beim Quickstep im Gegensatz zum Jive in den Taktteilen 2 und 4, wodurch hier die Betonung der *Eins* und der *Drei* verstärkt wird. Die Aufteilung erfolgt meistens durch Schläge auf ein Becken (Hi Hat). Anders als beim Slowfox liegt im Quickstep die Akzentuierung bei diesem Rhythmus auf den Taktschlägen 1 und 3.

Quickstep-Rhythmus 2: (Becken)

Auf den Taktschlägen 2 und 4 wird die Snare Drum gespielt, jedoch sind diese Schläge im Gegensatz zum Jive nicht akzentuiert.

Quickstep-Rhythmus 3: (Snare Drum)

Im Gegensatz zu typischen Jive-Melodien sind die Melodien im Quickstep meistens derart, daß keine Taktteile aufgeteilt werden.

'Hello Dolly' (Herman)

'Bye Bye Blackbird' (Henderson, Dixon)

Pack up all my care and woe here I go sin-ging low Bye   bye   Black-bird

'Tie A Yellow Ribbon' (Levine, Russell, Brown)

-- Tie a yel-low rib-bon round the ole oak   tree

'You Do Something To Me' (Porter), CD: 'Ballroom Magic'

You do some-thing to me,   some-thing that sim-ply mys-ti - fies   me

'Too Hot To Hold' (Brown), CD: 'the best VII'

When I call you be there,   just wai-ting for me,   ba-by, you're too hot to hold

Wenn der Rhythmus der Melodie Taktteile aufteilt, so geschieht das häufig dadurch, daß die 'einfachen' Rhythmen der Melodie in der Interpretation synkopiert werden. Während der Begleitrhythmus des Quickstep ternär ist, kann es sein, daß der Rhythmus der Melodie binär ist, oder sogar, daß die Synkopierungen bei der Interpretation, besonders beim Gesang, auf eher undefinierte Zählzeiten fallen.

'The Lady Is A Tramp' (Rodgers, Hart),
          CD: 'Ballroom Classics Three' oder 'Mitchell, Gold Standard 2'

. ...That's why the la-dy is a   tramp

Es kann jedoch durchaus sein, daß diese Melodie sich dann in der Interpretation ganz anders anhört, zum Beispiel:

'It Don't Mean A Thing (If It Ain't Got That Swing)' (Ellington, Mills)

Damit der Titel auch inhaltlich zur Melodie paßt, darf das natürlich nicht so gespielt werden wie oben, sondern so, wie 'Ross Mitchell, His Band And Singers' (CD: 'Gold Standard 2') oder 'Geoff Love & His Orchestra' (CD: 'the best Quickstep') es machen:

Durch diese 'Verzierungen', bzw. Synkopen entstehen oft längere Pausen oder Töne werden länger gespielt, bis der nächste Ton angeschlagen wird. Auch die anderen Beispiele, wie 'Too Hot To Hold' oder 'Bye, Bye Blackbird', werden meistens nicht so vorgetragen, wie sie oben notiert sind, sondern abwechslungsreich verziert. Der stark synkopierte Gesang einiger Künstler hat oft zur Folge, daß ungeübte Tänzer den Takt nicht mehr finden. Das trifft auch für den Slowfox und den Langsamen Walzer zu. In manchen Quickstep-Melodien sind auch schon rhythmische Verzierungen enthalten.

'Jeepers Creepers' (Warren, Mercer), CD: 'Ballroom Classics Two'

'Sing, Sing, Sing' (Prima), CD: 'Dance Attack', 'Hallen, World Hits' oder 'Hisao Sudou, Best Selection For Ballroom Dancing'

'You're The Cream In My Coffee' (Sylva, Brown, Hendersen),
                                     CD: 'Ballroom Classics One'

You're the cream in my cof - fee........

Natürlich können auch anders strukturierte Melodien zu Quickstep arrangiert werden. Es gibt beispielsweise Aufnahmen von 'Hit The Road, Jack', die als Quickstep gut gelungen sind. Mit anderem Begleitrhythmus gibt es dieses Stück auch als sehr guten Jive. Das Original bietet beide Möglichkeiten an, ist jedoch selbst für beide Tänze ungeeignet.

Die Instrumente, die für den Quickstep am häufigsten benutzt werden, sind Holz- und Blechblasinstrumente.

2.10 Tango, die Musik

Tango-Musik wird mit ungefähr 32 - 33 Takten pro Minute gespielt. Die Taktart ist der 2/4-Takt. Der Tango kann jedoch auch im 4/8-Takt oder im 4/4-Takt notiert sein. Der Rhythmus des Tango ist binär, jedoch können in der Melodie Triolen auftauchen.

Die Musik, zu der wir heute Tango tanzen, hat sich entwickelt aus Habanera, Milonga und Tango Argentino (vgl.: Otterbach, „Die Geschichte der europäischen Tanzmusik"). Diese Ursprünge haben unterschiedliche Rhythmen in den Tango eingebracht. Der vielleicht bekannteste Rhythmus, der meistens als Begleitrhythmus vom Schlagzeug gespielt wird, ist:

Tango-Rhythmus 1: (Snare Drum)

Beide Taktteile sind binär aufgeteilt. Der erste Taktschlag wird akzentuiert, zusätzlich wird im vierten Viertel des zweiten Taktteils ein Trommelwirbel gespielt. Manchmal wird dieser akzentuiert oder anstelle des Trommelwirbels ein akzentuierter Schlag gespielt.

Tango-Rhythmus 2: (Snare Drum)

Es können aber auch andere Instrumente, z.B. Geigen oder Bandoneon, diesen Rhythmus spielen:

'Tango Misterioso' (Gonez), CD: 'the best III'

Da die charakteristischen Musikinstrumente für den Tango nicht die Rhythmus-Instrumente sind, sondern Melodie-Instrumente, wie Bandoneon, Violine und Klavier, sind alle typischen Tango-Rhythmen in der Melodie bzw. in den weiteren Stimmen zu finden. Im Tango ist es deshalb überhaupt nicht notwendig, daß Rhythmus-Instrumente, d.h. Schlagzeug und Percussion, mitspielen. Anders als zum Beispiel beim Langsamen Walzer spielt der Rhythmus der Melodie im Tango eine wichtige Rolle.

Weitere typische Tango-Rhythmen sind:

Tango-Rhythmus 3:

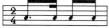

Tango-Rhythmus 4:

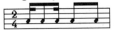

Tango-Rhythmus 5:

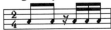

Natürlich findet man auch häufig Kombinationen dieser Rhythmen, zum Beispiel:

Tango-Rhythmus 6:

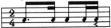

Tango-Rhythmus 7:

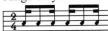

Aber auch einige ganz 'schlichte' Rhythmen sind typisch für den Tango, zum Beispiel:

Tango-Rhythmus 8:

Tango-Rhythmus 9:

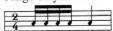

In den folgenden Melodie-Beispielen kann man alle oben aufgeführten Rhythmen in verschiedenen Kombinationen wiederfinden.

'A Media Luz' (Donato)

'Adios Muchachos' (Sanders), CD: 'the best VII'

'Hernandos Hideway' (Adler, Ross)

'Ich küsse Ihre Hand, Madame' (Erwin, Rotter)

Ich küs-se Ih-re Hand Ma-dame, und träum,es war Ihr Mund

'Pariser Tango' (Bruhn, Buschor), CD: 'Superior Dancing IV'

Bei ei-nem Tan-go, Pa-ri-ser Tan-go, ich schen-ke dir mein Herz beim Tan-go

'Oh, Donna Clara' (Petersburski, Beda)

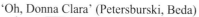

Oh, Don-na Cla - ra, ich hab dich tan-zen ge - seh'n

oder, aus dem selben Stück:

Bei je-dem Schrit-te und Trit - te, biegt sich dein Kör-per ge-nau in der Mit - te

(Die entsprechenden Texte, auch wenn sie noch so anspruchslos sind, wurden beigefügt, damit sich Leser, die mit Noten ungeübt sind, schneller zurechtfinden können. Das gilt nicht nur für die Beispiele im Tango.)

'El Choclo' (Allen, Hill, Villoldo)

oder, ebenfalls aus 'El Choclo' (Allen, Hill, Villoldo)

Obwohl der Tango-Rhythmus binär ist, können in der Melodie Triolen erscheinen. 'Schuld' daran mag die Taktteil-Aufteilung

♫ , Schlagwerte 1/4, 1/2, 1/4, haben, die, wenn sie in der Melodie auftaucht, manchmal zu

♪³♪♪ , Schlagwerte 1/3, 1/3, 1/3, verwischt, häufig dann, wenn sie gesungen wird.

'In einer kleinen Konditorei' (Raymond, Neubach)

In ei-ner klei-nen Kon-di-to-rei, da sa-ßen wir zwei bei Ku-chen und Tee

'Rote Rosen, rote Lippen, roter Wein' (Harden, Hoff)

Ro - te Ro-sen, ro - te Lip-pen, ro - ter Wein, la-den uns ein,...

'Por Un Cabeza' (Gardel), CD: 'Ballroom Swing'

'Jealousy' (Gade), CD: 'the best V' oder 'German Open Dancing'

Jea - lou - sy night and day you tor - ture me

Wenn in der ersten Stimme der Melodie Triolen gespielt oder gesungen werden, so ist der Rhythmus der anderen Stimmen strikt binär.

Der Baß spielt im Tango meistens einen der oben beschriebenen Tango-Rhythmen 3, 4 oder 8. Dazu ein Beispiel:

'A Girl Like Nina' (Abraham), CD: 'Swing & Dance', Melodie

und dazu spielt der Baß:

Die rhythmischen Schläge im Tango liegen also fast nie nur auf den beiden Taktschlägen, sondern auch dazwischen. Bei 'europäischen' Tangos liegen die Schläge oft auf allen Achteln, also so wie Tango-Rhythmus 8. Dadurch empfindet man Tango, besonders dann, wenn ein Schlagzeug den Rhythmus 1 oder 2 spielt, meist eher als 4/8- oder 4/4-Takt und nicht als 2/4-Takt. Für die Tänzer ist es jedoch wichtig, die Idee vom 2/4-Takt zu haben, und auch in der Musik wiederzufinden.

Dadurch, daß sowohl Baß, Bass Drum als auch die Snare Drum alle Achtel spielen und der Rhythmus in der Melodie steckt, kann man im Tango nicht zwischen hohen und tiefen, kurzen oder nachklingenden Schlägen unterscheiden, wie in Rumba, Samba, Cha-Cha-Cha oder im Jive. Beachte jedoch das Beispiel im Kapitel „Tanzen zum Rhythmus". Bei guten Tangos sollten Akzentuierungen auf den zwei Taktschlägen liegen.

Besonders gut sind Tangos mit wechselnden Rhythmen, mit Wechseln zwischen antreibenden und zurückhaltenden Passagen, Tangos, bei denen sich verschiedene Musikinstrumente abwechseln und unterschiedliche Aufgaben übernehmen, wo die Geigen manchmal gezupft und manchmal gestrichen werden oder das Bandoneon teils staccato und teils legato spielt, zum Beispiel:

'A Girl Like Nina' (Abraham)
    Tanzorchester Klaus Hallen (CD: 'Swing & Dance')

'Tango Misterioso' (Gonez)
    Pedro Gonez (CD: 'the best III')

'Luna Sobre Los Andes' (Navarra)
    FMP Dance Orchestra (CD: 'the best VIII')

'Tango En El Parque' (Edelman)
    The Premium Standard Orchestra (CD: 'Ballroom Magic')

Gerade im Tango fällt der Wechsel zwischen staccato und legato in der Interpretation der Melodie besonders häufig auf. Das ist besonders dann der Fall, wenn die für den Tango charakteristischen Musikinstrumente Bandoneon, ersatzweise auch das Akkordeon und die Geigen die Melodie spielen.

V. Tanztheorie

1. Grundlagen tänzerischer Bewegung

Im vorigen Kapitel wurde die Musik der einzelnen Tänze beschrieben. Im nächsten Kapitel soll die jeweils dazu passende Bewegung erläutert werden. In diesem Kapitel wird ein 'Ausgangspunkt' festgelegt, der für alle Tänze mehr oder weniger gleich ist und von Tanz zu Tanz so variiert werden kann, daß die Bewegung die jeweilige Musik optimal interpretiert. Dieser Ausgangspunkt ergibt sich aus drei Dingen.

Die erste, jedoch in diesem Sinne unveränderbare Grundlage für tänzerische Bewegung ist der menschliche Körper selbst, insbesondere die Knochen und Gelenke, die Bänder, Sehnen und Muskeln, also der Bewegungsapparat.

Die zweite Grundlage ist die aufrechte Haltung, die durchaus veränderbar ist und die in den einzelnen Tänzen auch sehr unterschiedlich ausfallen kann.

Die dritte Grundlage ist die, die beim Tanzen am stärksten variiert wird, um der jeweiligen Musik gerecht zu werden. Es ist die natürliche menschliche Fortbewegung, das Gehen. Der Ausgangspunkt für die folgenden Erläuterungen ist der **menschliche aufrechte Gang**.

Bevor beschrieben wird, wie man zu unterschiedlicher Musik geht - ein Gehschritt (Walk) ist im Langsamen Walzer anders als im Tango, im Tango wiederum anders als in der Rumba, und noch andere Gehschritte gibt es in der Samba oder im Paso Doble - muß beschrieben werden, wie man überhaupt geht.

Um aus dem Stand, einer balancierten Körperposition mit dem Gewicht auf einem Fuß, loszugehen, verlagert man das Gewicht auf diesem Standfuß weiter nach vorn. Dabei bleibt der Körper, vom Becken aufwärts, weitgehend aufrecht, das heißt, man neigt nicht den gesamten Körper nach vorn, sondern das Standbein verläßt die Vertikale und neigt sich vorwärts. Diese Gewichtsverlagerung auf dem Standfuß ist das sogenannte Rollen oder Abrollen des Körpergewichts über den Fuß, bzw. ein Teil davon. Sie funktioniert durch die Arbeit des Fußes gegen den Boden. Übrigens entsteht nicht nur die Fortbewegung, sondern natürlich auch die Rotation durch diese Arbeit des Fußes.

Im Tanzsport sprechen wir ebenfalls von Fußarbeit, jedoch wird dieser oft viel zu wenig Bedeutung beigemessen, weil einige Tänzer fälschlicherweise unter dem Begriff Fußarbeit nur das verstehen, was in der 'Technik' unter dieser Rubrik verzeichnet ist, nämlich 'Ferse' oder 'Ballen'. Fußarbeit ist jedoch wesentlich mehr als das. Die Arbeit des Fußes gegen den Boden wird manchmal auch mit Druck bezeichnet, was jedoch auch nicht selten zu Mißverständnissen führt.

Als Reaktion auf die oben beschriebene Gewichtsverlagerung, die den Körper aus dem Gleichgewicht zu bringen droht, schwingt das Schreitbein nach vorn. In dem Augenblick, in dem das Körpergewicht die Stützfläche des Standfußes verläßt, ist der Fuß des Schreitbeines plaziert und beginnt, das Gewicht zu übernehmen. Nun wird das Körpergewicht mit gleichbleibender Geschwindigkeit weiterbewegt und vom hinteren auf den vorderen Fuß übertragen, der damit zum Standfuß wird. Das Gewicht rollt dann bei gleichbleibender Geschwindigkeit über diesen Fuß, und der beschriebene Vorgang wiederholt sich. Sobald das Gewicht vollständig auf dem vorderen Fuß angekommen ist, also in dem Augenblick, in dem der hintere Fuß unbelastet ist, setzt sich dieser, nun als neuer Schreitfuß, sofort in Bewegung, und zwar als Reaktion auf die unveränderte Geschwindigkeit in der Vorwärtsbewegung des Körpergewichts.

Wenn ein Fuß plaziert wird, wird er mit der Ferse angesetzt, kommt dann aber sofort flach zum Boden. In dem Augenblick, in dem das Schreitbein das Standbein passiert hat, löst sich als Reaktion auf die Vorwärtsneigung des Standbeines die Standfußferse vom Boden. Das bedeutet, daß man für einen ganz kurzen Augenblick nur den Ballen des hinteren und die Ferse des vorderen Fußes am Boden hat. Dabei ist zu beachten, daß weder beim Gehen noch beim Tanzen diese Fußposition absichtlich erzeugt wird. Sie passiert automatisch. Wichtig ist, daß immer beide Füße arbeiten, wenn ein Teil des Körpergewichts auf ihnen lastet. Das heißt, man drückt oder stößt sich nicht vom hinteren Fuß nach vorne ab, sondern beide Füße tragen zur Weiterbewegung bei.

In dem Augenblick, in dem ein Bein allein das Körpergewicht trägt, ist das Kniegelenk nicht durchgedrückt oder durchgestreckt, sondern einfach lang. Wenn das Gewicht ein Bein verläßt, lockert das Knie und wird gebeugt, wenn das Bein sich unbelastet nach vorn in Bewegung setzt. Im Schrittansatz ist das Bein lang, das Knie wird jedoch wieder gelockert, während das Gewicht übertragen wird.

Während der Bewegung des Schreitbeines nach vorn, wird der Fuß nur so unwesentlich vom Boden abgehoben, daß man davon ausgehen kann, daß auch der unbelastete Fuß ständig am Boden bleibt. Jeder hat sicher schon einmal die Erfahrung gemacht, daß man stolpert, wenn auf einem vermeintlich absolut ebenen Untergrund dennoch eine winzige Unebenheit ist.

Beim Rückwärtsgehen, läuft die Bewegung prinzipiell genau umgekehrt ab. Das heißt, auch wenn man rückwärts geht, bewegt man sich mit konstanter Geschwindigkeit. Man rollt mit dem Gewicht über die Füße, man arbeitet also mit beiden Füßen zum Boden. Auch die Fußpositionen in den einzelnen Bewegungsbildern sind gleich. Das Schreitbein wird rückwärts mit dem Ballen angesetzt, und wenn das Gewicht zu diesem Fuß kommt, ist bei dem vorderen Fuß nur noch die Ferse in Kontakt zum Boden. Während das Gewicht über den hinteren Fuß weiter rückwärts rollt, bewegt sich dessen Ferse kontinuierlich in

Richtung Boden, während das nun unbelastete vordere Bein sich rückwärts bewegt. Die Ferse des Standfußes berührt genau dann den Boden, wenn das Schreitbein das Standbein passiert.

Diese kontrollierte Bewegung des Standbeinfußes in der Rückwärtsbewegung ermöglicht die gleichbleibende Geschwindigkeit und ist deshalb eine grundlegende Voraussetzung besonders für das Tanzen zu zweit.

Um zu unterschiedlicher Musik tanzen zu können, wird die ein oder andere Komponente des Gehens verändert. Zum Beispiel werden in einigen Tänzen die Kniegelenke mehr gebeugt, dadurch wird der Körperschwerpunkt tiefer gebracht, und so vergrößert man die Schrittweite und erhöht die Geschwindigkeit. In anderen Tänzen bleiben die Beine bei der Gewichtsübertragung gestreckt und so werden weitere Bewegungen innerhalb des Körpers erzeugt. In vielen rhythmischen Tänzen ändert man die Geschwindigkeit des Schreitbeines dadurch, daß man es länger in seiner Position hält, um es dann umso schneller an seinen neuen Platz zu bewegen. Dadurch wird eine bessere Akzentuierung erreicht. Was jedoch in allen Tänzen bei allen Grundbewegungsformen erhalten bleibt, ist die kontinuierliche Gewichtsverlagerung von einem Fuß auf den anderen.

Egal ob Standard oder Latein, sowohl vorwärts, als auch rückwärts, allein und auch paarweise: das Gehen in aufrechter Körperhaltung muß geübt werden! Diese Übung wird das Körpergefühl allgemein, die Balance und die Fußarbeit verbessern und den Tänzern damit schließlich die Chance zur Musikalität geben. Viele Mädchen verschenken diese Chance früh, weil sie meinen, in Schuhen tanzen zu müssen, in denen sie eigentlich noch nicht einmal gehen können. Schade!

2. Beschreibung der Tänze

In diesem Kapitel wird beschrieben, welche Bewegungen gut zu der Musik der einzelnen Tänze passen, bzw. es wird erklärt, warum bestimmte Bewegungen gut zu der jeweiligen Musik passen. Die Reihenfolge der Tänze ist in diesem Kapitel ein wenig anders gewählt als in dem Kapitel über die Musik, denn es soll natürlich mit dem unkompliziertesten Tanz, der deshalb längst nicht der einfachste ist, begonnen werden. Am Langsamen Walzer werden viele Dinge erklärt, die dann auf andere Tänze übertragbar sind.

Bei der Beschreibung von Bewegungen werden Begriffe benutzt, die im Einzelfall unterschiedliche Bedeutung haben können.

Das erste Wort, welches unterschiedliche Dinge beschreibt, ist das Wort 'Bewegung' selbst. Es muß unterschieden werden zwischen a) Fortbewegung, b) Rotation, c) Bewegungen des Körpers am Platz, das sind die sogenannten binnenkörperlichen Bewegungen, die im folgenden einfach Körperbewegung genannt werden, sowie d) Bewegungen einzelner Körperteile, zum Beispiel der Beine oder Arme. Dabei ist zu beachten, daß die Körperbewegung eine harmonische Bewegung innerhalb des gesamten Körpers ist und sich nicht aus isolierten Aktionen einzelner Körperteile zusammensetzt, wie zum Beispiel der Hüfte, des Brustkorbs oder der Schultern.

Das zweite Wort, welches bei fast jedem Gebrauch genauer erklärt werden muß, ist das Wort 'Geschwindigkeit'. Erstens bedeutet dieses Wort nicht automatisch, daß etwas schnell gemacht wird, denn auch eine langsame Bewegung hat eine entsprechende Geschwindigkeit. Dieses Wort führt zu weiteren Komplikationen im Gebrauch, da ständig mehrere der oben erwähnten Bewegungen gleichzeitig ausgeführt werden, jedoch nicht alle mit der gleichen Geschwindigkeit.

Im folgenden wird häufig die 'Technik' erwähnt werden. Damit sind die Bücher von Guy Howard, „Technique of Ballroom Dancing" und Walter Laird, „Technique of Latin Dancing" gemeint. Wenn Figuren oder Bewegungselemente namentlich erwähnt sind, werden teils die englischen Bezeichnungen, teils deutsche Namen benutzt. Es sollte für einen Turniertänzer selbstverständlich sein, daß er mit diesen Bezeichnungen in beiden Sprachen vertraut ist.

2.1 Langsamer Walzer, der Tanz

Der Langsame Walzer wird zum Metrum der Musik getanzt, also 'im Takt'. Das heißt, man bewegt sich so, daß man möglichst immer auf den am stärksten betonten Taktteilen den größten Schwung, also die höchste Geschwindigkeit erreicht, sei es in der Fortbewegung oder in der Rotation. Ein Takt im Langsamen Walzer besteht aus drei Taktteilen. Der 3/4-Takt ist eine einfache Taktart und hat demzufolge nur eine starke Betonung, nämlich auf dem ersten Taktteil.

Dadurch ist die Bewegung, die man ausführen muß, um den Langsamen Walzer im Takt zu tanzen, schon bestimmt. Man muß im ersten Taktteil den größten Schwung haben. Der zweite Taktteil wird dazu benutzt, den Schwung auslaufen zu lassen, manchmal sogar fast bis zum Stillstand. Im dritten Taktteil muß man erneut beschleunigen, um im ersten Taktteil des nächsten Taktes wieder maximalen Schwung zu haben.

Dieser Ablauf soll möglichst wirtschaftlich durchgeführt werden. Um die Energie nicht zu verlieren, die man im ersten Taktteil in Form von Schwung hat (Bewegungsenergie), benutzt man sie, um im zweiten Taktteil zu erheben. Damit bleibt die Energie mehr oder weniger erhalten (Lageenergie). Manchmal reicht das Erheben allein nicht aus, um den Körperschwung, die Bewegungsenergie zu neutralisieren, zum Beispiel in der Rechtsdrehung oder in der Linksdrehung. Dann entstehen zusätzlich Körperneigungen, mit denen der Schwung aufgefangen wird. Durch das Absenken im dritten Taktteil wandelt man die Energie wieder um und erreicht im ersten Taktteil des nächsten Taktes erneut den größten Schwung.

Bei diesem Bewegungsablauf liegt im Taktteil 'Eins' die tiefste Position des Körperschwerpunktes und die höchste Geschwindigkeit vor und mit dem Taktschlag 'Drei' die höchste Position des Körperschwerpunktes und die geringste Geschwindigkeit. Diese Bewegung ist jedoch nichts anderes als das vielzitierte 'pendelartige Schwingen'. Offensichtlich entsteht es automatisch, wenn man möglichst ökonomisch im Takt tanzen möchte und alles richtig macht. Es ist eine Folge aus der korrekten Umsetzung der Musik.

Es soll noch etwas genauer erläutert werden, wann und wie man die Schritte setzt, um diese Bewegung zu erzeugen. An dieser Stelle sei zunächst noch einmal auf den Unterschied zwischen Taktteil und Taktschlag hingewiesen. Ebenso sei darauf hingewiesen, daß die in der 'Technik' benutzten Schrittnummern sich weder auf Taktteile oder Taktschläge, also auf die Musik, noch auf das Timing beziehen. Mit diesen Zahlen sind die Schritte der Figuren bzw. Variationen einfach durchnumeriert. Das ist sinnvoll, denn viele Variationen erstrecken sich über mehrere Takte.

Wenn also in der 'Technik' steht: Lower e/o 3, Lower e/o 4, CBM on 1 oder ähnliches, so sind diese Zahlen die Schrittnummern und nicht Taktschläge oder Taktteile. Wann man die Schritte in der Musik macht, bzw. wann man die Füße plaziert, ist in der 'Technik' unter der Überschrift 'Timing' vermerkt. Die unter 'Timing' genannte Zahl gibt also an, auf welchem Schlag der Musik der Fuß für den jeweiligen Schritt plaziert werden muß.

So muß zum Beispiel Schritt 3 nicht zwangsläufig auf Taktschlag 3 gesetzt werden, er kann auch auf Taktschlag 2 (zum Beispiel: Turning Lock), oder mit dem Beginn der zweiten Hälfte des zweiten Taktteils (zum Beispiel: Chasse from Promenade Position) gesetzt werden.

Die Schrittnummer ist also völlig unabhängig vom Timing. Alle in den 'Charts' aufgeführten Zahlen in den Spalten 'Amount of Turn', 'Rise and Fall' oder 'CBM' beziehen sich auf die Schrittnummer und nicht auf das Timing. Dieser Sachverhalt wird hier so betont, weil durch Fehlinterpretation immer wieder Mißverständnisse auftreten, die ein Tanzen im Takt unmöglich machen. Die gröbsten Fehler entstehen erfahrungsgemäß durch ein falsches Verständnis des Ausdrucks: Lower e/o 3, was meistens dazu führt, daß zu spät abgesenkt wird. Aber auch die Fehlinterpretation der Zahlen in der Spalte 'CBM' kann zu großen Problemen führen, wobei es keine Rolle spielt, ob es tatsächlich eine Körpergegenbewegung oder eine andere Maßnahme ist, mit der die Drehung eingeleitet wird. Entscheidend ist der Zeitpunkt.

Der Unterschied zwischen Schrittnummer und Timing soll an einem Beispiel erläutert werden: Schritt 1 der Rechtsdrehung. Dieser Schritt hat nicht nur die Nummer 1, sondern auch das Timing 1. Die 'Standardtechnik' ist so geschrieben, daß ein Schritt mit geschlossenen Füßen beginnt, dann Körper und Schreitbein in Bewegung gesetzt werden, der Fuß plaziert und das Gewicht vollständig übertragen wird. Der Schritt ist erst dann beendet, wenn der nun unbelastete Fuß ohne Gewicht zum Standfuß geschlossen hat. Da der Schritt 1 der Rechtsdrehung das Timing 1 hat, muß das Plazieren des Fußes auf dem Taktschlag 1 geschehen. Der Schritt beginnt also schon im letzten Taktteil, also im dritten, des vorangegangenen Taktes mit der Bewegung des Körpers und des Schreitbeines und wird nach dem Plazieren des Fußes auf Taktschlag 1 im ersten Taktteil fortgeführt, nämlich mit der vollständigen Gewichtsübertragung und dem Heranschließen des unbelasteten Fußes. Beachte, daß auch Schritt 2 schon im ersten Taktteil beginnt. Zu Schritt 1 der Rechtsdrehung ist vermerkt: CBM on 1. Das bedeutet also, daß das Paar in dem Augenblick beginnen muß, sich zu drehen, in dem Schritt 1 beginnt, also im dritten Taktteil des vorausgehenden Taktes und nicht erst auf Taktschlag 1, wenn der Fuß plaziert wird (siehe auch „Quickstep, der Tanz").

Das Plazieren der Füße trifft immer mit den Taktschlägen zusammen, die Schritte jedoch nicht mit den Taktteilen. Durch die kontinuierliche

Gewichtsübertragung bei jedem Schritt wird das Ziel erreicht, den Körper im Takt der Musik zu bewegen, bzw. zu schwingen.

Man erkennt deutlich, daß es, um im Takt zu beginnen, unbedingt erforderlich ist, den sogenannten Vorschritt mitzutanzen, das heißt, man muß, um im Takt zu beginnen, den ersten Schritt auf Taktschlag 3 setzen. Den ersten Schritt auf Taktschlag 2 zu setzen, ist ebenfalls möglich. Nur auf Taktschlag 1 kann man nicht beginnen, denn es ist unmöglich, direkt aus dem Stillstand in den größtmöglichen Schwung zu kommen. Ein Schwung im Langsamen Walzer beginnt und endet genau mit Taktschlag 3. Der Vorschritt ist also eine tänzerische Bewegung vor der ersten stärksten tänzerischen Betonung und damit genau das tänzerische Pendant zum Auftakt in der Melodie. Somit hat der Vorschritt auch den Namen Auftaktschritt verdient, auch wenn es sich um mehrere Schritte handelt, zum Beispiel die Schritte 2 und 3 des Travelling Contra Check, mit denen man startet, um danach mit einer Figur aus Promenadenposition fortzufahren.

Auch während des Tanzens kann es immer wieder vorkommen, bzw. erforderlich sein, neue Bewegungen, Figuren oder Choreographiepassagen auftaktig zu beginnen, insbesondere nach Posen.

In den bisherigen Ausführungen zum Langsamen Walzer wurden Bewegungsabläufe mit drei Schritten pro Takt erläutert. Jedoch selbst in vielen Grundschritten werden mehr als drei Schritte pro Takt gesetzt. Das Paradebeispiel für solche Figuren ist: das Chasse aus Promenadenposition. Das Timing ist *1-2-+-3*, die Schlagwerte dazu sind 1/1, 1/2, 1/2, 1/1. Das bedeutet, Schritt 1 ist genau auf Taktschlag 1 zu plazieren, Schritt 2 auf Taktschlag 2 und Schritt 4 auf Taktschlag 3. Der dritte Schritt muß zeitlich genau zwischen Taktschlag 2 und Taktschlag 3 plaziert werden, also genau mit dem Beginn der zweiten Hälfte des zweiten Taktteils. Das muß so sein, egal ob der Rhythmus des Langsamen Walzers binär oder ternär ist, denn der Langsame Walzer wird zum Metrum, also zu den Betonungen der Melodie getanzt, und nicht zum Rhythmus. Man könnte den Langsamen Walzer überhaupt nicht zum Rhythmus tanzen, denn dieser ist im Langsamen Walzer nicht jedesmal gleich. Wenn man den Langsamen Walzer trainiert, weiß man noch nicht, ob auf dem nächsten Turnier ein binärer oder ein ternärer Langsamer Walzer gespielt wird.

Der wichtigere Grund dafür, den dritten Schritt des Chasses aus Promenadenposition im oben beschriebenen Timing zu setzen und dabei die Füße tatsächlich zu schließen, ist der Schwung, der zu den Betonungen der Melodie passen soll. Wenn an dieser Stelle, also Schritt 3, die Füße nicht geschlossen werden, oder aber das falsche Timing, nämlich *1-2-d-3*, (SW: 1/1, 2/3, 1/3, 1/1) oder noch schlimmer *1-2-a-3* (SW: 1/1, 3/4, 1/4, 1/1) gewählt wird, dann erfährt der Körper in diesem Augenblick eine Beschleunigung. Die ist jedoch im Taktteil 2 des Langsamen Walzers gänzlich fehl am Platz. Um gut in der Musik zu tanzen, muß im Taktteil 2 die Geschwindigkeit abnehmen.

Im Langsamen Walzer gibt es eine Vielzahl von Figuren, die die Musik nicht durch Schwung in der Fortbewegung interpretieren, sondern durch Rotation, zum Beispiel Rechtskreisel, Linkskreisel, Impetus, Big Top usw. Prinzipiell verhält es sich beim Rotationsschwung dieser Figuren genauso wie beim Fortbewegungsschwung, der zuvor erklärt worden ist, zum Beispiel in Rechtsdrehung, Linksdrehung, Chasse aus Promenadenposition usw. Es gibt Figuren, die verbinden beides, zum Beispiel der Overturned Turning Lock oder der Telemark.

Auch bei rotierenden Figuren muß man, um im Takt zu tanzen, die Rotation im letzten, also im dritten Taktteil des vorhergehenden Taktes einleiten. CBM on 1 bedeutet, daß man mit der Drehung beginnen muß, sobald man das Schreitbein aus der geschlossenen Fußposition weiterbewegt. Das ist aber schon im Taktteil 3 des vorhergehenden Taktes der Fall, und nicht auf dem Taktschlag 1. Dann ist es zu spät, denn im Taktteil 1 soll der größte Rotationsschwung schließlich erreicht sein. Im zweiten Taktteil läuft der Schwung dann wieder aus. Das jedoch muß nicht unbedingt so sein, wenn mehrere rotierende Elemente direkt hintereinander getanzt werden. Im allgemeinen beginnt und endet auch ein Rotationsschwung mit dem Taktschlag 3.

Viele der rotierenden Elemente beinhalten Fersendrehungen, die leider sehr häufig falsch getimt werden, dann den Bewegungsfluß unterbrechen und ein 'Nicht-im-Takt-Tanzen' verursachen. Am Beispiel der Herrenschritte des Open Impetus wird das verdeutlicht:

Der Herr leitet die Rotation im dritten Taktteil des vorhergehenden Taktes ein, während er sein linkes Bein und seinen Körper rückwärts bewegt. Auf Taktschlag 1 plaziert er den linken Fuß. Im nun folgenden Taktteil 1 wird die größte Rotationsgeschwindigkeit erreicht, das heißt, die sogenannte Fersendrehung muß im Taktteil 1 stattfinden. Entscheidend ist dabei die rechtzeitige Rotation des Körpers. Die Füße drehen erst später, nämlich in der zweiten Hälfte des Taktteils 1, also dann, wenn das Gewicht auf der linken Ferse angekommen ist und der rechte Fuß unbelastet herangeschlossen hat. Die Drehung des Körpers, wie auch die Drehung der Füße, findet im Taktteil 1 statt. Manche Tänzer beginnen schon mit der Drehung der Füße, bevor diese geschlossen sind, dann jedoch beginnt diese Drehung auf dem linken Ballen und während der Drehung 'wandert' das Gewicht über den Fuß. Auf Taktschlag 2 wird dann in jedem Fall damit begonnen, das Gewicht auf den rechten Fuß zu übertragen. So ist der Rotationsschwung im ersten Taktteil, und man tanzt im Takt. Leider schließen manche Tänzer bzw. Tänzerinnen die Füße erst auf Taktschlag 2 und beginnen dann erst mit der Drehung. Das ist nicht im Takt. Ob die Füße in der Fersendrehung des Impetus überhaupt geschlossen werden, oder ob durch den gleichzeitigen Fortbewegungsschwung eine Fersenzugaktion getanzt wird, spielt für das Timing der Drehung keine Rolle. Der Ablauf ist dann analog.

Über die Grundschritte hinaus gibt es viele Figuren oder Bewegungsformen, für die das Prinzip von Beschleunigung, Schwung und Verzögerung nicht mehr paßt. Aber gerade das bringt dann die Abwechslung in den Tanz. Die Musik spielt ja auch nicht immer nur *1-2-3*, sondern der Rhythmus der Melodie wechselt ständig, die Musikinstrumente wechseln, zusätzliche Akzentuierungen werden gesetzt oder die Melodie wird synkopiert. Und so versuchen auch wir Tänzer, unseren Tanz abwechslungsreich zu gestalten. Aber Vorsicht, bei aller Abwechslung muß man immer wieder zum Ursprung zurückfinden.

Immer, wenn im Langsamen Walzer in einem Taktteil zwei Schritte getanzt werden, sei es in den Grundschritten oder in höherklassigen Variationen, teilen diese zwei Schritte den Taktteil in zwei gleichlange Teile auf. Die Schlagwerte sind also dann 1/2, 1/2. Betroffen davon sind Figuren, wie zum Beispiel das oben erwähnte Chasse from Promenade Position, das Progressive Chasse to Right, der Double Reverse Spin oder der Rückwärts-Lockstep (alle im Timing: *1-2-+-3*, SW: 1/1, 1/2, 1/2, 1/1), der Turning Lock (Timing: *1-+-2-3*, SW: 1/2, 1/2, 1/1, 1/1) sowie Figuren, die mit einer zusätzlichen Linksachse beendet werden, zum Beispiel: Natural Spin Turn und Reverse Pivot (Timing: *1-2-3-1-2-3-+*, SW: 1/1, 1/1, 1/1, 1/1, 1/1, 1/2, 1/2) oder der sogenannte Overspin, ein Double Reverse Spin mit einer Linksachse (Timing *1-2-+-3-+*, SW: 1/1, 1/2, 1/2, 1/2, 1/2) und unzählige weitere.

Meistens werden diese Figuren deshalb nicht im Takt getanzt, weil den Tänzern nicht klar ist, was ein Timing, wie zum Beispiel *1-+-2-3*, für die zeitliche Aufteilung der Schritte bedeutet. Also noch einmal: das '+' teilt die vorausgehende Zählzeit und nicht die folgende. In dem Beispiel, *1-+-2-3*, bleibt also die '2' durch das '+' unverändert, für die '1' jedoch steht nur noch halb so viel Zeit zur Verfügung. Erfahrungsgemäß tauchen die schlimmsten Verstöße in dieser Hinsicht dann auf, wenn der dritte Taktteil durch das '+' geteilt wird, *1-2-3-+*.

Bei manchen Figuren wird das Timing *1-2-+-3* benutzt, obwohl bei Schritt 3, also dem mit dem Timing '+', die Füße nicht geschlossen werden. Geschlossen, bzw. gekreuzt, werden die Füße zum Beispiel im Chasse aus Promenaden Position, im Chasse nach rechts, im Rückwärts-Lockstep oder im Chasse-Roll. Nicht geschlossen werden die Füße zum Beispiel im Linkskreisel, bei der Running Spin Turn, beim Fallaway Reverse mit Slip Pivot oder bei der Rechtsflechte, also bei den Schritten 1-4 der Slowfox-Rechtsflechte. Bei vielen dieser Figuren gibt es mehrere Möglichkeiten für das Timing. Das ist gut, denn bei vielen dieser Figuren, zum Beispiel bei der Rechtsflechte, der Running Spin Turn oder beim Fallaway Reverse mit Slip Pivot, ist *1-2-+-3* nicht die beste Wahl. Bei diesen Figuren ergibt sich durch die offene Fußposition bei Schritt 3 mit dem Timing *1-2-+-3* der größte Schwung im Taktteil 2 statt im Taktteil 1. Das kann gut sein, wenn im Verlauf der Choreographie Bedarf an Abwechslung besteht. Eindeutig besser in der Musik ist jedoch in diesen Fällen das Timing

1-+-2-3, welches den Schwung in den ersten Taktteil bringt, und da gehört er auch hin.

Andererseits gibt es Figuren wie den Turning Lock, die zwar im Timing *1-+-2-3* getanzt werden, wobei jedoch im Taktteil 1 die Füße gekreuzt werden. Im Falle des Turning Lock to Right, auch Overturned Turning Lock genannt, dient das Einkreuzen der Rotation, die im ersten Taktteil die größte Geschwindigkeit hat. Im Falle des Turning Lock führt das Weiterheben und der Beginn der Drehung nach links bei Schritt 3 zu einer Verlangsamung im zweiten Taktteil.

Bei vielen Figuren mit dem Timing *1-2-3-+* taucht das tänzerische Gegenstück zu der Synkope in der Musik auf. Nämlich die Verschiebung einer Betonung auf einen eigentlich unbetonten Taktteil. Das passiert hauptsächlich bei solchen Figuren, in denen im Taktteil 3 oder in der zweiten Hälfte dieses Taktteils eine starke Rotation getanzt wird. Diese kann eine zusätzliche Betonung sein. Sie kann jedoch auch die Betonung der nächsten 1 vorwegnehmen, falls diese auch durch eine Rotation erzeugt wird. Eine solche Figurenkombination ist zum Beispiel: eine offene Rechtsdrehung aus Promenadenposition, ein Outside Spin und die Schritte 5-6 der Natural Spin Turn. Das Timing dazu ist: *1-2-3-+-1-+-2-3*, die Schlagwerte: 1/1,1/1,1/2, 1/2, 1/2, 1/2, 1/1, 1/1. Durch die schnelle Rotation mit dem Schritt 4, Timing (3)+, also in der zweiten Hälfte des dritten Taktteils, ist das eine tänzerische Synkope.

Abschließend sei noch darauf hingewiesen, daß es durchaus sein kann, daß Dame und Herr in ihren Schritten ein unterschiedliches Timing benutzen müssen, um sich mit ihren Körpern harmonisch in der Musik bewegen zu können. Bei solchen Figuren hat meistens ein Partner mehr Schritte zu machen als der andere, zum Beispiel beim Linkskreisel oder beim Telespin. Es kommt aber auch vor, daß beide Partner die gleiche Anzahl an Schritten zu tanzen haben und doch ein unterschiedliches Timing benutzen müssen, um im Takt zu sein. Beim Big Top ist das Timing für den Herrn *1-2-3* (SW: 1/1, 1/1, 1/1), das Timing für die Dame jedoch *1-+ (2)-3* (SW: 1/2, 3/2, 1/1). Dadurch wird diese Figur tanzbar und im Takt tanzbar, denn dadurch ist der größte Rotationsschwung im Taktteil 1.

2.2 Wiener Walzer, der Tanz

Den Wiener Walzer tanzt man im Takt, also zu den Betonungen der Melodie. Im Wiener Walzer wird der größte Schwung, und zwar sowohl in der Fortbewegung als auch in der Rotation, immer im ersten Taktteil erreicht, also genau dann, wenn auch die Melodie ihre stärkste Betonung hat. Von der Definition eines Schrittes ausgehend, die besagt, daß ein Schritt mit geschlossenen Füßen beginnt und auch endet, tanzt man in einem Wiener Walzer-Takt nur zwei Schritte. Das ist etwas vereinfacht dargestellt, denn ein Schritt, bei dem man einen Fuß mit Gewicht zum anderen Fuß schließt, ist so definiert, daß er in offener Fußposition beginnt und endet. Das kann hier aber außer Acht gelassen werden, denn es soll nur untersucht werden, wie weit man sich in den einzelnen Taktteilen fortbewegt.

Von diesen zwei Schritten tanzt man im Taktteil 1 des Wiener Walzers zwei halbe, im Taktteil 2 einen halben, und im dritten Taktteil wiederum einen halben Schritt, und zwar bei Rechtsdrehungen, Linksdrehungen und Übergangsschritten.

Taktteil 3 beginnt mit dem Schließen der Füße auf Taktschlag 3. Im Taktteil 3 wird die erste Hälfte des ersten (bzw. vierten) Schrittes einer Bewegung ausgeführt. Für die Herrenschritte 1 bis 3 der Rechtsdrehung zum Beispiel heißt das: Der Körper und das rechte Bein setzen sich in Bewegung, bis Taktteil 3 zu Ende ist und genau mit Taktschlag 1 der rechte Fuß plaziert wird. Das ist ein halber Schritt.

Im Taktteil 1 wird das Gewicht vollständig auf den rechten Fuß übertragen, das linke Bein setzt sich in Bewegung, schließt auf seinem Weg unbelastet zum rechten auf und bewegt sich ohne Verzögerung weiter nach vorn, bis der linke Fuß genau auf Taktschlag 2 plaziert wird. Das sind die zweite Hälfte des ersten Schrittes und die erste Hälfte des zweiten Schrittes, also zwei halbe Schritte im Taktteil 1.

Im Taktteil 2 schließlich wird der rechte Fuß zum linken Fuß geschlossen und genau auf Taktschlag 3 plaziert. Das ist ein halber Schritt.

Da das Körpergewicht nie plötzlich oder ruckartig, sondern immer kontinuierlich, von einem auf den anderen Fuß übertragen wird, ist die Geschwindigkeit in der Fortbewegung damit im Taktteil 1 doppelt so groß wie in den Taktteilen 2 oder 3, und genau das ist erwünscht, damit tanzt man im Takt.

Bedingt durch das wesentlich höhere Tempo der Musik im Gegensatz zum Langsamen Walzer ist es nicht möglich, den Körper beim Schließen der Füße zum Stillstand kommen zu lassen. Dadurch ist das Heben im Wiener Walzer nicht so ausgeprägt wie im Langsamen Walzer, und zweitens ist es durch das Tempo des Wiener Walzers nicht möglich, nach dem Schließen der Füße in eine andere Richtung weiterzutanzen. Zwangsläufig muß man mit je drei Schritten eine halbe Drehung ausführen.

Wegen des Tempos der Musik ist es ebenfalls nicht möglich, sinnvoll in einem Takt mehr als drei Schritte, gemeint sind jetzt Gewichtsübertragungen, auszuführen. Dagegen werden zuweilen Bewegungen mit nur zwei Gewichtsübertragungen in einem Takt getanzt, nämlich Rechtsachsen. Das Timing dafür ist dann *1-3*, (SW: 2/1, 1/1), das heißt, auf Taktschlag 2 wird kein Schritt gesetzt. Auch daraus ergibt sich eine Bewegung, die gut im Takt des Wiener Walzers getanzt werden kann. Denn auch bei diesen Achsen hat man die größte Fortbewegung im ersten Taktteil, eine Verlangsamung durch ein Heben im zweiten und ein Absenken und eine erneute Beschleunigung im dritten Taktteil. Außerdem erscheint auch in der Musik der entsprechende Rhythmus oft in der Melodie.

Anders verhält es sich beim Fleckerl. Die Schritte werden, wie sonst auch, genau auf den Taktschlägen angesetzt, jedoch ändert sich die Rotationsgeschwindigkeit nicht, bzw. nicht in dem Maße, daß man davon sprechen könnte, im Takt zu tanzen. Genau genommen tanzt man das Fleckerl nicht im Takt, sondern zum Rhythmus der Musik. Der Check vom Linksfleckerl in das Rechtsfleckerl ist ja in diesem Sinne auch keine Betonung, denn man schwingt nicht, sondern stoppt abrupt ab. Es ist eine Akzentuierung.

Mittlerweile tanzen einige Paare aus der Weltspitze auch das Fleckerl im Takt. Das ist eindrucksvoll. Jedoch tanzen immer noch viele Paare die Rechts- und die Linksdrehung nicht im Takt. Das ist schlecht. Oftmals werden diese Paare durch den Rhythmus der Wiener Walzer-Musik irritiert. Viele Wiener Walzer beinhalten synkopierte Rhythmen, z.B. 'G´schichten aus dem Wienerwald' oder 'Wonderful Copenhagen'. Jedoch darf dieser Rhythmus das Timing nicht beeinflussen, wenn man im Takt bleiben will.

2.3 Slowfox, der Tanz

Bedingt durch die Entwicklung des Figurenrepertoires aus Rechtsdrehung, Linksdrehung und Übergangsschritten, nämlich Federschritt und Dreierschritt, ergibt sich die Notwendigkeit, auch im Slowfox drei Schritte in einem Takt zu tanzen. Das ergibt sich auch bei rein theoretischer Betrachtung. Der Slowfox wird im Takt der Musik getanzt, man muß also, wie bei den Walzern auch, jeweils zur stärksten musikalischen Betonung den größten Schwung haben. Das ist im ersten Taktteil. Wie bei den Walzern auch, benötigt man einen Schritt, um diesen Schwung danach auslaufen zu lassen, und einen weiteren, um den nächsten Schwung einzuleiten.

Würde man auf jedem Taktschlag einen Schritt setzen, also vier in einem Takt, könnte man nicht im Takt tanzen. Denn wäre der erste Schwung auf einer *Eins*, so wäre der nächste Schwung auf einer *Vier*, der darauffolgende auf einer *Drei* usw. Deshalb muß eine der drei Bewegungsphasen, nämlich Beschleunigung, Schwung und Verzögerung, über zwei Taktteile getanzt werden, damit man im Takt ist.

Die Phase der Beschleunigung ist dazu offensichtlich ungeeignet. Den Schwung langsam auslaufen zu lassen, ist ebenfalls nicht möglich, denn dann würden die Schritte auf die Taktschläge 1, 2 und 4 fallen. Die *Drei* jedoch ist im 4/4-Takt nach der *Eins* am stärksten betont.

Es bleibt also keine andere Möglichkeit, als den Schwung selbst über zwei Taktteile zu tanzen, und genau das macht den Slowfox zu einem schwierigen Tanz. In fast allen Grundschritten ist das Timing in einem Takt *S-Q-Q*, die Schlagwerte 2/1, 1/1, 1/1. Ein Takt im Slowfox dauert genauso lange, wie ein Takt im Langsamen Walzer, nämlich zwei Sekunden. Jedoch ist die zeitliche Einteilung des Taktes in die drei Bewegungsphasen anders. Durch das schnelle Aufeinanderfolgen von Verzögerung und erneuter Beschleunigung ist ein Stillstand der Fortbewegung ausgeschlossen. Man schließt die Füße beim jeweils dritten Schritt nicht, sondern man geht weiter in die neue - oder alte - Bewegungsrichtung.

Die Schwierigkeit im Slowfox liegt also darin, daß der Schwung - manche nennen es auch die Gleit- und Schwungphase, also die Hauptphase der Bewegung - über zwei Taktteile laufen soll. Das mißlingt oft, obwohl das Timing *S-Q-Q* eigentlich richtig benutzt wird, und zwar deshalb, weil der Schreitbeinfuß auf Taktschlag 1 nicht nur angesetzt, sondern am Boden verankert und belastet wird; und dann hängt man sozusagen fest. Den Fuß auf Taktschlag 1 ansetzen heißt aber nur, ihn in eine Position zu bringen, in der man ihn belasten könnte. Doch solange der Körper gleiten kann, läßt man das zu, und der Fuß gleitet mit. Mit den Schritten sollen doch keine Akzente gesetzt, sondern der Körper soll in Bewegung gehalten werden. Im Prinzip gilt das für die übrigen Schwungtänze auch. Doch bedingt durch andere Tempi, bzw.

Rhythmen, wäre es ungünstig, dort bewußt eine späte Gewichtsverlagerung zu trainieren. Entscheidend ist der richtige Fluß in der Körperbewegung.

Der Schwung in den Taktteilen 1 und 2 führt zu einer weiten Fortbewegung mit dem jeweils ersten Schritt. Dadurch, daß in den Taktteilen 3 und 4 zwar weniger Schwung vorhanden ist, jedoch zwei Schritte getanzt werden, bleibt die Fortbewegungsgeschwindigkeit über den ganzen Takt annähernd gleich. Aus diesem Grunde ist es im Slowfox möglich, auch im Timing *Q-Q-S* zu tanzen, gut jedoch ist es nicht. Jeder Tänzer bzw. jede Tänzerin hat sicher schon die Erfahrung gemacht, daß man sich irgendwie unwohl, bzw. nicht gut in der Musik oder nicht im Takt fühlt, wenn man Schritt 1 des Federschrittes, der Links- oder Rechtsdrehung usw. nicht auf Taktschlag 1 ansetzt, sondern auf Taktschlag 3. Dieses ungute Gefühl ist durchaus berechtigt. *Q-Q-S* bedeutet, daß der schwungvolle Schritt auf Taktschlag 3 angesetzt wird, die anderen zwei Schritte auf den Taktschlägen 1 und 2. Bei manchen Figuren ist es möglich oder sogar unvermeidlich, daß man in dieses Timing fällt, zum Beispiel: Change of Direction, Natural Turn, Outside Swivel oder Natural Telemark. Wenn man durch eine solche Figur das Timing *S-Q-Q* 'verlassen' hat, und den schwungvollen Schritt der jeweils folgenden Bewegung nicht mehr auf Taktschlag 1, sondern auf Taktschlag 3 ansetzt, dann sollte man schnellstmöglich durch dazu geeignete Maßnahmen dafür sorgen, wieder zu *S-Q-Q* zurückzukehren. Denn, streng genommen, ist man nicht mehr im Takt, wenn der schwungvolle Schritt nicht auf Taktschlag 1 angesetzt wird.

In höherklassigen Choreographien, in denen man die in der 'Technik' beschriebenen Figuren weiter variieren kann, sollte man es strikt vermeiden, schwungvolle Schritte mit dem Timing S auf Taktschlag 3 anstatt auf Taktschlag 1 anzusetzen.

Es gibt jedoch auch einige Grundschritte, die das Timing *S-Q-Q* beibehalten, und es trotzdem ermöglichen, auch die *Drei*, den zweitstärksten Taktteil der Musik, zu betonen. Dieses tun zum Beispiel der Dreierschritt oder die Linksflechte nach 1-4 der Reverse Wave, bei denen ein schwungvoller Schritt mit dem Timing *Q* auf Taktschlag 3 angesetzt wird.

Im Slowfox gibt es jedoch auch einige Bewegungen, die im engsten Sinne eigentlich nicht im Takt, sondern zum Rhythmus getanzt werden. Dazu gehören die Figuren, die das Timing *Q-Q-Q-Q* über einen Takt oder noch länger beinhalten: Hovercross, Flechten, Top Spin. Dabei werden mehrere Schritte mit dem Timing Q aufeinanderfolgend getanzt, ohne daß ein schwungvoller Schritt dabei wäre. Das ist definitionsgemäß nicht im Takt, sondern rhythmisch.

Für die Rechtsflechte beispielsweise sind beide Möglichkeiten angegeben: Einerseits The Natural Weave mit dem Timing *S-Q-Q-Q-Q-Q*, also mit Schwung im ersten Takt und rhythmisch im zweiten Takt. Andererseits The

Quick Natural Weave mit dem Timing *S-Q-+-Q-S-Q-Q*, in beiden Takten mit Schwung auf dem Taktschwerpunkt, also im Takt.

Beachte, daß das Timing *S-Q-+-Q* in diesem Falle die Schlagwerte 2/1, 1/2, 1/2, 1/1 hat, das *Quick* damit durch das *and* binär geteilt wird, obwohl die Slowfox-Musik rhythmisch ternär ist. Siehe dazu auch die Ausführungen über das Chasse aus Promenadenposition im Langsamen Walzer. Das Timing *S-Q-d-Q* macht auch in diesem Falle keinen Sinn, denn man tanzt eine schwungvolle Bewegung im Takt der Musik. Außerdem liegt bei diesem Timing die Aufteilung im dritten Taktteil, die Slowfox-Musik jedoch teilt die Taktteile 2 und 4.

Dennoch gibt es Variationen, in denen das Timing *Q-d-Q* durchaus tanzbar und sinnvoll ist. Zum Beispiel in einem Chasse nach rechts, gefolgt von den Schritten 4-7 der Flechte aus PP, also einer rhythmischen Bewegung, Timing *S-Q-d-Q-Q-Q-Q*, Schlagwerte 2/1, 2/3, 1/3, 1/1, 1/1, 1/1, 1/1. Folgt auf das Chasse nach rechts jedoch eine schwungvolle, bzw. schwingende Bewegung, zum Beispiel ein Impetus oder ein Chasse Roll, so muß das Timing im Chasse nach rechts *S-Q-+-Q*, Schlagwerte 2/1, 1/2, 1/2, 1/1, sein.

Noch ein Wort zum Timing *Q-Q-Q-Q*. Es gibt durchaus Variationen, die dieses Timing benutzen, aber dennoch schwingende Bewegungen beinhalten und dadurch im Takt getanzt werden. Ein schönes Beispiel dafür ist die Verbindung aus den Schritten 1 und 2 des Reverse Impetus und den Schritten 2 und 3 des Three Step. (Beachte, daß der Dreierschritt von Moore und Howard unterschiedlich beschrieben werden. Bei Moore wären es die Schritte 1 und 2.) Diese Verbindung wird im Takt getanzt, wie es besser nicht möglich ist. Nämlich mit Schwung auf beiden Taktschwerpunkten, auf der *Eins* und auf der *Drei*.

Sehr wertvoll für den Slowfox sind leicht gebouncte Schritte, wie sie zur Verlängerung von Flechten oder in Rückfallbewegungen häufig eingesetzt werden. Mit Bounce ist hier eine federnde Bewegung in den Fußgelenken gemeint. Das Timing für solche Schritte ist außergewöhnlich und außergewöhnlich gut, nämlich: *S-d-S-d*, die Schlagwerte sind also 4/3, 2/3, 4/3, 2/3. Offensichtlich ist diese Bewegung rhythmisch. Sie ist jedoch auch hundertprozentig im Takt, nämlich mit Schwung sowohl auf der *Eins*, wie auch auf der *Drei*. Jeweils auf dem Schritt mit dem Timing *d* senkt man ab und gewinnt Schwung. In der zweiten Hälfte der Zeit, die für das *S* zur Verfügung steht, wird dieser Schwung durch das Heben wieder abgebremst. Vergleiche diese schwingende Bewegung und ihr Timing einmal mit den Rechtsachsen im Wiener Walzer und dem dazugehörenden Timing.

2.4 Quickstep, der Tanz

Auch der Quickstep wird im Takt getanzt. Im Quickstep jedoch ist es durch das hohe Tempo der Musik nicht immer möglich, die drei Phasen eines Schwunges in einem Takt unterzubringen. Viele Bewegungsschwünge im Quickstep erstrecken sich über genau einen Takt, zum Beispiel: die Schritte 1-3 der Rechtsdrehung, die Schritte 5-7 des V-6, Endlauf, Rumba Cross oder die gelaufene Linksdrehung (Quick Open Reverse). Für viele Bewegungsschwünge aber benötigt man anderthalb Takte, zum Beispiel: Quarter Turn To Right, Progressive Chasse, Progressive Chasse To Right, Vorwärts- und Rückwärts-Lockstep oder das Hover Corte.

Dadurch, sowie durch die Verbindung der Figuren miteinander, ist es nicht möglich, den Quickstep im engsten Sinne im Takt zu tanzen. Wenn man jedoch damit zufrieden ist, - und im Quickstep hat man keine andere Wahl - den Schwung auf den Taktschwerpunkten zu haben, statt immer nur auf der *Eins*, dann tanzt man auch den Quickstep im Takt.

Leider werden jedoch gerade die oben erwähnten Grundschritte, also Quick Open Reverse, Running Finish, ja sogar der Lockstep, oft selbst von hochklassigen Paaren nicht im Takt getanzt. Unterschiedliche Dinge sind dafür verantwortlich, an dritter Stelle die Fußarbeit. Wenn der Herr den Schritt 4 eines Progressive Chasse oder eines Vorwärts-Lockstep mit der Ferse ansetzt, kann der Fuß nicht die Arbeit verrichten, die er verrichten muß, damit man die nächste Bewegung schwungvoll und damit im Takt tanzen kann. Der Fuß muß mit dem Ballen plaziert werden, denn in diesem Augenblick ist der Körper in der höchsten Position. Das muß so sein, damit dann ein kontrolliertes Absenken in der Vorwärtsbewegung den nächsten Schwung erzeugen kann. Das jedoch ist unmöglich, wenn der Fuß falsch angesetzt wird, dann nämlich hat das Absenken schon auf dem vorangegangenen Schritt stattgefunden und war damit für den Schwung nutzlos. Oder ein Fersenschritt wird zum Absenken benutzt, was eine Arbeit des Fußgelenks unmöglich macht, und damit ein abruptes Absenken erzeugt, quasi wie einen Absturz, durch den kein Schwung zu gewinnen ist.

An zweiter Stelle verantwortlich für häufiges 'Nicht-im-Takt-tanzen' der grundlegenden Figuren ist ein zu spätes Einleiten der Drehungen durch den Körper, bzw. der Verzicht auf diese Einleitung. Was in diesem Absatz beschrieben wird, gilt auch für die Bewegungen in anderen Tänzen, die im Takt getanzt werden. Um einen Schwung paarweise zu tanzen, muß gewährleistet sein, daß die Partner sich nicht gegenseitig behindern, bzw. im Weg stehen. Dazu benutzt man beispielsweise die Körpergegenbewegung, CBM. Das bedeutet, daß man in dem Augenblick, in welchem man a) absenkt, um einen Schwung zu gewinnen, b) das Schreitbein zu einem schwungvollen Schritt vorwärts oder rückwärts schwingt und c) das Körpergewicht entsprechend vorwärts oder rückwärts über den Standfuß rollt und fortbewegt, auch mit dem

Körper - aus dem Standfuß begonnen - die Drehung einleiten muß. Dazu ein konkretes Beispiel, nämlich der Auftaktschritt und die Rechtsdrehung:

Der Herr beginnt mit dem Auftaktschritt, den er auf Taktschlag 3 plaziert. Der nächste Schritt mit dem rechten Fuß vorwärts ist der erste Schritt der Rechtsdrehung. Dieser Schritt wird auf Taktschlag 1 plaziert, und es soll ein schwungvoller, also ein betonter Schritt sein, wobei natürlich die Betonung automatisch durch den Schwung, also die Fortbewegungsgeschwindigkeit entsteht. Um die Geschwindigkeit bei diesem Schritt zu haben, muß der Herr, wenn er den linken Fuß zum Auftaktschritt plaziert hat, sofort damit beginnen, harmonisch und kontrolliert abzusenken und damit beschleunigen. Die Beschleunigung gelingt natürlich nur dann, wenn er beim Absenken den Körper weiter vorwärts bewegt. Sobald nun der rechte Fuß den linken passiert hat, muß der Körper sanft nach rechts drehen und zwar mit einer Intensität, die der folgenden Drehung entspricht. Durch diese Körperdrehung wird gewährleistet, daß das Paar den folgenden Schwung nicht durch eine Richtungsänderung unterbrechen, bzw. abbrechen muß. Der gemeinsame Schwerpunkt beider Partner kann so während der Schritte 1-3 der Rechtsdrehung eine Richtung beibehalten. Wird das falsch gemacht, muß also das Paar direkt nach oder während des schwungvollen Schrittes die Bewegungsrichtung ändern, so verliert dieser Schritt den Schwung und das Paar ist nicht im Takt.

Der erste häufig auftretende Grund für ein 'Nicht-im-Takt-tanzen' im Quickstep ist ein falsches Verständnis des Timings *S-Q-Q* . Offensichtlich glauben viele Tänzer, daß sie, wenn sie eine gelaufene Linksdrehung, einen außenseitlichen Wechsel, also die Schritte 5-7 des V-6 oder einen Endlauf mit dem Timing *S-Q-Q* tanzen, sich beeilen müssen bei den Schritten mit dem Timing *Q-Q*. Das ist ein Trugschluß, denn damit diese Schritte im Timing *Q-Q* gelingen, muß der Schwung bei dem vorausgehenden Schritt mit dem Timing *S* schon da sein. An dieser Stelle sei noch einmal ausdrücklich darauf hingewiesen, daß der Schwung, bzw. eine größere Geschwindigkeit, nicht zur Folge hat, daß man schneller tanzt, sondern daß die Bewegung bei gleichem Timing weiter wird, die Folge ist also größere Fortbewegung. Diese schwungvolle Fortbewegung bei dem Schritt mit dem Timing *S* ermöglicht es, die nachfolgenden Schritte mit dem Timing *Q-Q* zu tanzen. Leider verzichten viele Paare auf diesen notwendigen Schwung und können dann meistens infolge dessen das Tempo der Musik nicht halten.

Soviel zu den Grundschritten. Im Quickstep gibt es eine Vielzahl von Bewegungen, die zwar auch sehr 'schwungvoll' aussehen, jedoch im Rhythmus der Musik getanzt sind. Die einfachsten Bewegungen dieser Art sind 'gesprungene' oder 'gehopste' Bewegungen am Platz, wie zum Beispiel Pendelschritte oder Toe-Taps. Das Timing für diese Schritte ist fast beliebig, *S-S*, *Q-Q-Q-Q* oder Kombinationen davon, wie *S-Q-Q* oder *Q-Q-S*. Beachte dabei, daß das *Slow* sich immer über den ersten und zweiten oder über den dritten und vierten Taktteil erstreckt, nicht aber über die Taktteile 2 und 3 oder die Taktteile 4 und 1. Das bedeutet, daß Schritte mit dem Timing *Quick* immer nur paarweise auftreten. Die Toe-Taps, wie auch die Pendelschritte erzeugen Akzentuierungen genau auf den Taktschlägen.

Ähnliches gilt für gehopste Schritte, die mit einer Fortbewegung verbunden sind, die sogenannten Step-Hops. Ihr Timing ist *Q-Q*, was gleichbedeutend ist mit *S-+*. Meistens wird bei diesen Schritten jedoch einfach *Step-Hop* gezählt. Sowohl durch das Hüpfen als auch durch das 'Landen' werden Akzentuierungen genau auf den Taktschlägen erzeugt.

Noch rhythmischer als die zuvor erwähnten gesprungenen Bewegungen sind die mit leichtem Bounce verbundenen Chasses, die auch Polka-Chasses genannt werden. Das Timing für diese Chasses ist *Q-d-Q-d*, die Schlagwerte dazu also: 2/3, 1/3, 2/3, 1/3 (vergleiche dieses mit dem Timing gebouncter Bewegungen im Slowfox). Das Timing dieser Schritte gibt den ternären Rhythmus der Musik genau wieder, und durch diese Aufteilung jedes Taktteils wird der jeweils folgende Schritt akzentuiert. Auf solche rhythmischen Bewegungen kann ein guter Quickstep nicht verzichten. Dem Tänzer sollte dabei jedoch bewußt sein, daß diese Bewegungen, auch wenn sie teils mit großer Fortbewegung verbunden sind, diese Fortbewegung nicht allein zum Ziel haben dürfen. Der Zweck dieser Bewegungen, Step-Hops, Polka-Chasses oder Toe-Taps ist der Rhythmus und die Akzentuierung der Aktionen auf den Taktschlägen.

Zum Abschluß sei noch erwähnt, daß es auch Chasses oder ähnliche Aktionen, wie zum Beispiel Locksteps, im Quickstep gibt, für welche das Timing *Q-d-Q* nicht die richtige Wahl ist. Dies sind zum Beispiel ein schnelles Chasse nach rechts, ein schnell getimter Lockstep oder das Tipsy. Diese Schritte sind Teile schwungvoller Bewegungen, also Elemente, die im Takt der Musik getanzt werden. In diesen Fällen ist das korrekte Timing *Q-+-Q*, die Schlagwerte sind also 1/2, 1/2, 1/1.

2.5 Rumba, der Tanz

Nachdem zuerst die Tänze beschrieben worden sind, die man tatsächlich im Takt tanzt, werden im folgenden die Tänze betrachtet, die zum Rhythmus der Musik getanzt werden.

Die Rumba tanzt man also zum Rhythmus der Musik. Obwohl durch den Claves-Rhythmus jeweils zwei Takte, meistens gekoppelt mit der Phrasierung der Melodie, zusammenhängen, ist es prinzipiell egal, in welchem Takt man zu tanzen beginnt.

Das eigentliche Problem in der Rumba ist nicht, in welchem Takt man beginnt, sondern auf welchen Taktschlägen man die Schritte setzt: auf 1, 3 und 4, mit den Schlagwerten 2/1, 1/1, 1/1 oder auf 2, 3 und 4, mit den Schlagwerten 1/1, 1/1, 2/1 oder sogar auf 1, (2)+, 4, mit den Schlagwerten 3/2, 3/2, 1/1. Lange hat es gedauert, bis die Fachleute sich einigen konnten. Glücklicherweise hat es sich durchgesetzt, die Schritte im Grundtiming auf den Taktschlägen 2, 3 und 4 zu setzen. Durch dieses Timing mit den Schlagwerten 1/1, 1/1, 2/1, entstehen unterschiedliche Geschwindigkeiten in der Fortbewegung und dadurch auch in der Körperbewegung. Es wurde bereits erklärt, daß langsame Bewegungen gut zu tiefen Klängen, schnellere Bewegungen gut zu hohen Klängen passen. Die tiefsten rhythmischen Töne in der Rumba hört man im Taktteil 4 und im Taktteil 1. Deshalb ist es sinnvoll auf Taktschlag 1 keinen Schritt anzusetzen, sondern einen langsamen Schritt über die Taktteile 4 und 1 mit dem Schlagwert 2/1 zu tanzen.

Dieser Schritt wird genau auf Taktschlag 4 angesetzt, jedoch wird das Gewicht langsamer auf den entsprechenden Fuß übertragen als bei Schritten mit dem Schlagwert 1/1. Dadurch sind dann in den Taktteilen 4 und 1 die Bewegungsgeschwindigkeiten (Körper- und Fortbewegung) geringer als in den Taktteilen 2 und 3.

Zusätzlich wird durch die schnelle Änderung der Fortbewegungsgeschwindigkeit von Taktteil 1 zu Taktschlag 2 die *Zwei* akzentuiert, und das ist sie in der Musik auch. Im Gegensatz zu den oft weichen, sanften Melodien in der Rumba, sind alle rhythmischen Schläge, mit Ausnahme des Basses, kurzklingend, geradezu hart. Um das tänzerisch wiederzugeben, werden alle Schritte so ausgeführt, daß die Bewegung des Fußes von einem Ort zum anderen möglichst schnell ausgeführt, und die Beine, sofern dieses möglich ist, schnell, das heißt schon beim Plazieren des Fußes, gestreckt werden. Bei der daran anschließenden Gewichtsübertragung bleiben die Beine gestreckt. So entsteht durch die kontinuierliche Fortbewegung bzw. Gewichtsverlagerung eine kontinuierliche Körperbewegung passend zum Rhythmus der Musik, der alle Taktteile aufteilt; nämlich halbiert oder auch viertelt. Das Timing der Körperbewegung wird meistens der Einfachheit halber mit *2-+-3-+-4-+-1-+*

gezählt, Schlagwerte 1/2, 1/2, 1/2, 1/2, 1/2, 1/2, 1/2, 1/2, nur um die Durchgängigkeit dieser Bewegung zu verdeutlichen.

Bedingt durch die Funktionalität der Knie- und Fußgelenke ist die schnelle Fuß- und Beinaktion am besten bei Vorwärtsschritten durchführbar. In diesen Schritten, den Rumba-Walks nämlich, wird so verfahren, daß das jeweils hintere Bein solange wie möglich gestreckt und der entsprechende Fuß am Platz gelassen wird, um ihn dann um so schneller in seine neue Position zu bringen. Durch diese Art der Beinbewegung wird jeder Schlag, auf dem ein Schritt gesetzt wird, akzentuiert, nämlich durch den plötzlichen Stopp der Beinbewegung beim Plazieren des Fußes. Sowohl die Fortbewegungs- geschwindigkeit als auch die Gewichtsübertragung werden durch die Beingeschwindigkeit nicht beeinflußt, jedoch ändert sich im Gegensatz zum Gehen zwangsläufig die Fußarbeit. Während man beim Gehen die Vorwärtsschritte mit der Ferse ansetzt und bei der Gewichtsübertragung das Knie lockert bzw. beugt, soll beim Rumba-Walk das Knie gestreckt bleiben. Also muß beim Rumba-Walk das Fußgelenk diese 'dämpfende' Funktion übernehmen. Das könnte es nicht, würde man den Rumba-Walk mit der Ferse ansetzen. So ist also die Musik mittelbar der Grund dafür, Rumba-Gehschritte mit dem Ballen anzusetzen.

Das unterschiedliche Timing der Schritte, abhängig davon, ob sie auf 2 oder 3, oder ob sie auf 4 gesetzt werden, beeinflußt die Gewichtsübertragung und damit die Bewegungsgeschwindigkeiten, nicht aber die Bein- und Fußgeschwindigkeit. Das heißt, der Schrittansatz ist auf allen Schlägen, 2, 3, oder 4, gleich, nur die Geschwindigkeit, mit der das Gewicht übertragen wird, ist bei einem Schritt auf Taktschlag 4 nur halb so groß wie bei einem Schritt, der auf Taktschlag 2 oder 3 angesetzt wird. Man bewegt sich also sehr gut in der Musik, wenn man Rumba-Walks vorwärts im Timing *2-3-4* tanzt. Die schnellen Bein- und Fußbewegungen passen zu den harten rhythmischen Schlägen. Die gleichmäßige Gewichtsverlagerung von Fuß zu Fuß und die daraus resultierende kontinuierliche Körperbewegung füllen die Musik mit den schnell aufeinanderfolgenden rhythmischen Schlägen gut aus. Und der Wechsel zwischen schneller Fortbewegung in den Taktteilen 2 und 3 und langsamer Fortbewegung im vierten und im ersten Taktteil paßt gut zum Wechsel zwischen hohen und tiefen Tönen im Rhythmus der Rumba.

Eine weitere Bewegung, die den Rhythmus der Rumba perfekt widerspiegelt, ist der Cucaracha. Was oben über Rumba-Gehschritte gesagt wurde, trifft für Cucarachas sinngemäß ebenfalls zu: das schnelle Plazieren der Füße auf 2 und 4, die kontinuierliche Körperbewegung und - beim Cucaracha noch deutlicher als beim Gehschritt - der Wechsel zwischen Fortbewegung in den Taktteilen 2 und 3 und stationärer Bewegung in den Taktteilen 4 und 1.

Die Grundschritte der Rumba interpretieren die Musik optimal, denn fast immer tanzt der Herr Cucarachas oder Cucaracha-ähnliche Aktionen, während die

Dame vorwiegend Rumba-Walk-Aktionen tanzt, zum Beispiel: Open Hip Twist, Alemana, Close Hip Twist, Hockeystick, Curl, Sliding Doors, Spiral, Opening Out To Right And Left, Rope Spinning. Darüber hinaus entsteht gerade bei diesen Figuren, unabhängig vom Rhythmus der Musik, durch die unterschiedlichen Bewegungsformen für Herr und Dame, die Geschichte, die in der Rumba dargestellt werden soll.

Auch die übrigen Grundschritte, die alle im Timing *2-3-4* getanzt werden, bestehen aus den Elementen, die oben erwähnt wurden; nämlich Rumba-Walk oder Cucaracha-ähnliche Aktionen. Damit sind zum Beispiel die Checks aus Promenaden- oder Gegenpromenadenposition gemeint.

Die erste Möglichkeit das Grundtiming zu ändern, ergibt sich durch die Cuban Rocks, für die auch das Timing *2-+-3-4*, Schlagwerte 1/2, 1/2, 1/1, 2/1, angegeben ist. Das ist eine gute Interpretation der Musik, denn dadurch vergrößert sich der Kontrast in den Bewegungsgeschwindigkeiten. Mit dem Timing *2-+-3* bewegt man sich in diesen Taktteilen noch schneller als bei dem einen Gewichtswechsel in den Taktteilen 4 und 1.

Aus diesem Grunde wird in weiterführenden Variationen auch gerne das Timing *2-3-4-(2)+-3-4* benutzt. Die Schlagwerte dazu sind: 1/1, 1/1, 5/2, 1/2 , 1/1, 2/1. Dieses Timing führt ebenfalls zu einer Erhöhung der Geschwindigkeit in den Taktteilen 2 und 3 und erzeugt dadurch einen kontrastreichen Bewegungsablauf. Bei diesem Timing trifft der Schritt 4 außerdem noch einen Schlag des Basses, und unter Umständen auch einen Schlag der Claves, was dieses Timing noch wertvoller macht. Auch das Timing *2-3-+-4*, Schlagwerte 1/1, 1/2, 1/2, 2/1, sorgt für einen noch deutlicheren Geschwindigkeitswechsel, der gut zur Musik paßt. Außerdem wird durch die Aufteilung des dritten Taktteils der Taktschlag 4 akzentuiert. Das ist besonders dann sinnvoll, wenn auf der 4 eine Aktion getanzt wird, die eine Akzentuierung verdient. Das kann eine Pose oder eine Linie sein, jedoch auch eine überraschende Wendung in der Geschichte, die zum Ausdruck gebracht wird, zum Beispiel eine plötzliche Zuwendung oder auch Abwendung der Dame zum oder vom Herrn.

Natürlich gibt es viele weitere Möglichkeiten das Grundtiming zu variieren. So ist es auch durchaus möglich, auf Taktschlag 1 einen Schritt zu setzen oder dort eine akzentuierte Bewegung zu tanzen. Nur muß man bedenken, daß es nicht optimal ist, dies ständig zu tun, denn eine langsame Bewegung über 4 und 1 paßt am besten zur Musik.

2.6 Cha-Cha-Cha, der Tanz

Auch den Cha-Cha-Cha tanzt man natürlich zum Rhythmus der Musik und nicht zur Melodie. Die am deutlichsten hervortretenden Schläge im Cha-Cha-Cha sind erstens die Schläge auf den vier Taktschlägen und zweitens die Schläge auf *4-+*. Dadurch ist schon festgelegt, wann überhaupt Schritte gesetzt werden sollten, um gut in der Musik zu tanzen. Wie in der Rumba sind die meisten Schläge kurz und hart, besonders die der Glocke. Deshalb werden die Schritte genauso wie in der Rumba ausgeführt, mit schnellen Bein- und Fußaktionen, wodurch dann jeder Schlag, auf dem ein Schritt gesetzt wird, akzentuiert wird.

Würde man sich nun im Timing *1-2-3-4-+*, Schlagwerte 1/1, 1/1, 1/1, 1/2, 1/2, mit lauter Gehschritten vorwärts bewegen, so hätte man zwei der rhythmischen Vorgaben der Musik erfüllt. Erstens würde man sich in dem am besten zur Cha-Cha-Cha Musik passenden Timing bewegen, denn die Schritte sind auf den wichtigsten Schlägen für Cha-Cha-Cha gesetzt. Die Aufteilung im vierten Taktteil in *4-+* sorgt für eine Akzentuierung der *Eins*, wie in der Musik auch. Zweitens paßt die schnelle Ausführung von Fuß- und Beinbewegung gut zum harten Klang der rhythmischen Schläge.

Nur die Fortbewegungsgeschwindigkeit paßt bei lauter Gehschritten nicht zu den unterschiedlich hohen bzw. tiefen rhythmischen Klängen. Die am tiefsten klingenden Schläge hört man im Cha-Cha-Cha auf *4-+*. Mit Gehschritten wäre dort jedoch unpassenderweise die größte Fortbewegung. Deshalb tanzt man auf den Schlägen *4-+* nicht zwei Gehschritte, sondern andere Schrittmuster, zum Beispiel den Lockstep. Der erste Schritt des Lockstep (Timing *4*, Schlagwert 1/2) beginnt fast wie ein normaler Rumba-Walk, jedoch wird das Gewicht nicht voll übertragen. Der zweite Schritt (Timing *+*, Schlagwert 1/2) wird in Latin-Cross Position angesetzt. Das führt zu einer Verzögerung der Fortbewegung. Der dritte Schritt des Locksteps (Timing *1*, Schlagwert 1/1) beginnt zwar nun in einer anderen Position, wird aber dann ausgeführt und endet wie ein normaler Rumba-Walk. Das heißt, die Fußaktion ist schnell, der Fuß genau auf Taktschlag 1 plaziert, die Gewichtsübertragung jedoch ist kontinuierlich, wie bei den Schritten auf 2 und 3 auch. Dadurch ist auch die Körperbewegung durchgängig, und man kann diese vereinfacht zählen *2-+-3-+-4-+-1-+*, wie in der Rumba. Das verträgt sich gut mit der Cha-Cha-Cha-Musik, in der durch unterschiedliche Rhythmen alle Taktteile halbiert werden, nicht nur der vierte.

Wenn Gehschritte und Locksteps so getanzt werden, wie oben beschrieben, bleiben die ersten zwei rhythmischen Vorgaben erfüllt, darüber hinaus auch die dritte, und zwar dadurch, daß man sich passend zu den tief klingenden Schlägen auf *4-+* langsamer fortbewegt als auf den hoch klingenden Schlägen *1-2-3*. Außerdem führt die Änderung der Fortbewegungsgeschwindigkeit von *4-+* zur *1* zu einer besseren Akzentuierung der 1.

Was zum Lockstep gesagt wurde, trifft analog auch für das Chasse zu. Dies wird dort jedoch nicht ganz so deutlich. Perfekt zur Musik passen Chasse-Variationen, wie Hip Twist Chasse, Cuban Break oder das Ronde Chasse, wie es der Herr im Close Hip Twist benutzt. Dabei erkennt man noch deutlicher als beim Lockstep die eher stationäre Bewegung auf *4-+* und die Fortbewegung auf *1*, die zu einer schönen, natürlichen Akzentuierung führt; aber eben nicht durch einen übermäßig großen Schritt, eine abrupte Bewegung oder einen plötzlichen Gewichtstransport, sondern durch die langsamere Bewegung auf *4-+* und den plötzlichen Wechsel in der Fortbewegungsgeschwindigkeit.

Manchmal jedoch müssen diese Überlegungen vernachlässigt werden, um Figuren oder Choreographieelemente tanzbar bzw. paarweise tanzbar zu machen, oder, um ihnen einen Sinn zu geben. So muß zum Beispiel der Herr sein Ronde Chasse im Hockeystick anders tanzen als im Close Hip Twist, damit der Hockeystick überhaupt tanzbar ist.

Die Twinkle-Aktion im Open Hip Twist muß der Herr benutzen, um dem Schrittmuster der Dame einen Sinn zu geben. Der Herr tanzt in diesen Beispielen zwar keine Fortbewegung auf 1, sondern er schließt die Füße, jedoch darf man nicht die Bewegung eines Partners isoliert betrachten, sondern die Wirkung des Paares ist entscheidend. Darüber hinaus soll auch beim Cha-Cha-Cha, wie bei allen anderen Tänzen, keine Langeweile aufkommen, und deshalb sind Variationen immer erwünscht. Es wäre sicher kein guter Cha-Cha-Cha, wenn immer und ausschließlich Gehschritte und Locksteps getanzt würden, auch wenn diese noch so gut zur Musik passen.

Auch Variationen des Grundtimings *1-2-3-4-+* sorgen für Abwechslung. Manche sind unverzichtbar, zum Beispiel das Timing *2-+-3-4-+-1*, Schlagwerte 1/2, 1/2, 1/1, 1/2, 1/2, 1/1, welches in Basicvariationen für mehrere direkt aufeinanderfolgende Locksteps oder Chasses oder für Cuban Breaks benutzt wird und sich genau mit dem Cha-Cha-Cha-charakteristischen Guiro-Rhythmus deckt. Durch die Aufteilungen im zweiten und im vierten Taktteil werden dabei die 1 und die 3 gleichermaßen akzentuiert. Ähnlich ist das Timing *2-+-3-+-4-+-1*, mit den Schlagwerten 1/2, 1/2, 1/2, 1/2, 1/2, 1/2, 1/1, welches ebenfalls den Guiro-Rhythmus beinhaltet und durch die Aufteilung aller drei vorangehenden Taktteile die 1 besonders hervorhebt. Die Cuban Breaks in diesem Timing erfüllen ihre Aufgabe, nämlich die Musik zu interpretieren, ausgezeichnet, denn: dadurch, daß die Schritte auf 2, 3 und 4 abgecheckt werden, ist die Bewegung in diesen Taktteilen stationär; erst mit dem Taktschlag 1 erfolgt ein Schritt vom Platz weg und damit eine plötzliche Änderung der Fortbewegungsgeschwindigkeit.

Eine weitere, oft und gern getanzte Variation des Grundtimings ist das sogenannte Guapacha-Timing *1-(2)+-3-4-+*. Die Schlagwerte dazu sind: 3/2, 1/2, 1/1, 1/2, 1/2. Dieses Timing läßt sich auf fast alle Figuren anwenden, die eigentlich im Grundtiming *1-2-3-4-+* beschrieben sind, und zwar dadurch, daß das Gewicht bei dem Schritt mit dem Timing 1 langsamer übertragen wird, und der Schritt dadurch anstelle des Schlagwertes 1/1 den Schlagwert 3/2 erhält. Der folgende Schritt wird dann nicht auf Taktschlag 2 plaziert, sondern einen halben Taktteil später. Der Schlagwert dieses Schrittes ist dann nur noch 1/2 statt 1/1. Je nach Art des Schrittes ändert sich mit dem Timing auch die Ausführung. Durch den nun kleineren Schlagwert ist es in der Regel nicht mehr möglich, das Gewicht voll auf diesen Fuß zu übertragen.

2.7 Samba, der Tanz

Die Samba ist unter den zehn Tänzen sicher der Tanz mit der kompliziertesten Struktur, sowohl in der Musik mit unterschiedlichsten Rhythmen auf verschieden klingenden Instrumenten als auch in seinen Bewegungen. Selbstverständlich wird die Samba zu den Rhythmen der Musik getanzt.

Den Grundschritt sowie einige weitere grundlegende Bewegungen, wie Voltas, Wischer, Botafogos, Samba Walks und die Linksdrehung, tanzt man im Timing *S-a-S*; also sind die Schlagwerte 3/4, 1/4, 1/1. Diese Schritte werden zu dem Rhythmus getanzt, den der Baß bzw. das Schüttelrohr spielen. Diese rhythmischen Schläge sind nachklingend bzw. durchgängig, und dementsprechend ist die Bein- bzw. Knieaktion nicht schnell wie in Rumba und Cha-Cha-Cha, sondern die Beine bleiben durch das Beugen und Strecken der Knie- und Fußgelenke ständig in Bewegung. Man nennt diese federnde Aktion **Bounce**.

Durch das kontinuierliche Beugen und Strecken der Knie im Timing *Q-Q-Q-Q* entsteht eine kontinuierliche Bewegung des Beckens. Dadurch, daß die Hüftgelenke beim Beugen der Knie gestreckt bleiben, bewegt sich das Becken nach vorn und kommt beim Strecken der Knie wieder gerade unter den Körper. Diese Beckenbewegung überlagert sich mit der natürlichen Hüftbewegung, die durch die Gewichtsverlagerung entsteht, zu einer rollenden durchgängigen Bewegung von Becken bzw. Hüfte.

Die Elemente Wischer, Volta, usw. bieten die beste Möglichkeit, die Samba-Musik tänzerisch umzusetzen, denn, richtig ausgeführt, werden innerhalb dieser Elemente gleichzeitig mehrere verschiedene Rhythmen wiedergegeben.

S-a-S (3/4, 1/4, 1/1):
    durch das Setzen der Füße

Q-Q-Q-Q (1/2, 1/2, 1/2, 1/2):
    durch Beugen und Strecken der Kniegelenke

Q-+-Q-+-Q-+-Q-+ (1/4, 1/4, 1/4, 1/4, 1/4, 1/4, 1/4, 1/4):
    durch die kontinuierliche Körperbewegung.

Ganz besonders beim Wischer, Botafogo, dem Grundschritt und bei der Linksdrehung wird der Zusammenhang zwischen tiefen Tönen und stationärer Bewegung bzw. hohen Tönen und Fortbewegung deutlich. Im ersten Taktteil, in welchem in der Samba hochklingende rhythmische Schläge zu hören sind, bewegt man sich von der Stelle fort. Im jeweils zweiten Taktteil mit eher tiefklingenden Tönen belastet man den Fuß am Platz oder plaziert den Fuß unter dem Körper, bewegt sich also nicht weiter fort.

Bei den Samba Walks ist die Fortbewegung im ersten Taktteil zwar nicht immer groß, im zweiten Taktteil jedoch ist die Bewegung bei allen Samba-Walks stationär, und die Füße bleiben fast am Platz.

Die Akzentuierung entsteht bei korrekter Ausführung von Timing (*S-a-S*) und Technik - wie immer - von selbst, und zwar durch die Aufteilung (hier: 3/4, 1/4) im ersten Taktteil. Dadurch wird der zweite, der nicht aufgeteilt ist, auf natürliche Weise hervorgehoben, akzentuiert. Eine Akzentuierung durch geschlagene Arme, hochgerissene Knie und Füße, sonstige unnatürliche Bewegungen oder gar einen Bewegungsstopp, paßt nicht zur Musik.

Daß es nicht immer nur die Fortbewegung sein muß, durch die die Musik umgesetzt wird, zeigt die Volta, deren Bewegung zuerst einmal mit Rotation zusammenhängt, wie übrigens der Name schon sagt.

Obwohl in der 'Technik' der Drehungsumfang für eine Volta Spot Turn über alle drei Schritte angegeben ist, erkennt man doch, daß die Rotation überwiegend im ersten Taktteil passiert und im zweiten Taktteil zum Stillstand kommt. Auch wenn die Volta über zwei Takte getanzt wird, also *S-a-S-a-S-a-S*, oder die Volta nur wenig oder nicht gedreht wird, bietet dieses Element beste Möglichkeiten, Samba-Rhythmus zu tanzen, nämlich durch die gleichzeitige Ausführung mehrerer unterschiedlicher Rhythmen in Füßen, Beinen und Körper.

Bei allen Figuren, oder Choreographieteilen, die sich über eine gerade Anzahl von Takten erstrecken, muß beachtet werden, daß sich auch eine Vielzahl von Samba-Rhythmen über zwei Takte erstrecken. Das bedeutet, daß solche Figuren, wie zum Beispiel die oben erwähnte Volta, *S-a-S-a-S-a-S*, mit dem jeweils ersten Takt zweier zusammengehörender Takte beginnen muß. Das ist keine Frage der Phrasierung, sondern des Rhythmus.

Manchmal werden Bewegungen wesentlich langsamer getanzt, als ursprünglich vorgesehen, meistens die Volta. Dann ändert sich das Timing und statt *S-a-S* (3/4, 1/4, 1/1) wird *S-(S)a-S(S)* benutzt (7/4, 1/4, 2/1). Das heißt, der erste und der dritte Schritt werden langsamer ausgeführt, der zweite bleibt so schnell wie er war. Die Musik spielt in diesen zwei Takten auch nicht alles langsamer, sondern es werden Schläge ausgelassen, die die Musik immer noch spielt.

Weil es uns Tänzern meistens nicht möglich ist, mehr als zwei Rhythmen gleichzeitig wiederzugeben, müssen unterschiedliche Rhythmen nacheinander getanzt werden, besonders in der Samba. Andere Rhythmen verlangen jedoch nicht nur anderes Timing im Setzen der Füße, sondern auch andere Bewegung.

Viel zu häufig sieht man Paare, die in jedem Takt ausschließlich das Timing *Q-Q-S* benutzen, obwohl dieses Timing in den Samba-Grundschritten fast gar nicht auftaucht (nur bei Locksteps und der Plait). Warum taucht in den Grundschritten so häufig das Timing *S-Q-Q* auf (Close Rocks, Open Rocks, Back Rocks, Corta Jaca, Natural Roll, Reverse Roll), jedoch so selten *Q-Q-S*?

Prinzipiell ist es so, daß beide Rhythmen in der Musik von hart- bzw. kurzklingenden Instrumenten gespielt werden, Claves, Agogo, usw. Das heißt, die Aktionen der Beine sind so wie in Rumba oder Cha-Cha-Cha. (Es gibt Ausnahmen!) Bei den Close Rocks zum Beispiel tanzen beide Partner Locksteps, nur das Schrittmuster ist verschoben. Statt Q (Schritt) Q (Latin-Cross) S (Schritt) tanzt man in den Close Rocks S (Schritt) Q (Schritt) Q (Latin-Cross).

Vergleiche nun mit dem Cha-Cha-Cha: Der Cha-Cha-Cha verlangt Fortbewegung im ersten Taktteil, langsamere Bewegung im Taktteil davor, also im vierten. Deshalb liegt der Lockstep im Cha-Cha-Cha auf *4-+-1*, mit der Latin-Cross Aktion im vierten Taktteil. In der Samba ist Fortbewegung im ersten Taktteil gefordert, langsamere Bewegung im zweiten. Also liegt der Lockstep in der Samba, wenn er so ausgeführt wird wie im Cha-Cha-Cha, auf *1-2-+*, also *S-Q-Q*, mit der Latin-Cross Aktion im zweiten Taktteil. In allen Rocks (Close, Open, Back) bewegt man sich im ersten Taktteil fort, die 'Rock-Aktion' (realisiert durch Latin-Cross oder Check), die zu einer Verlangsamung der Fortbewegung bzw. zu stationärer Bewegung führt, tanzt man im zweiten Taktteil. Analoges gilt für die Syncopated Open Rocks, die im Timing *S-a-S* getanzt werden. Im ersten Taktteil ergibt sich die größere Bewegung hauptsächlich durch die Rotation der Dame. Im zweiten Taktteil entsteht keine Fortbewegung.

Das Timing *S-Q-Q* findet ebenfalls Anwendung im Corta Jaca, bei der Rechts- und bei der Linksrolle: In allen drei Fällen ist der Klang der Samba-Rhythmen ein mitbestimmender Faktor. Im jeweils ersten Taktteil entsteht Fortbewegung durch einen Vorwärts- oder Rückwärtsschritt. Im jeweils zweiten Takt ist die Bewegung eher stationär.

Dabei ist zu beachten, daß es in der Samba viele unterschiedliche Figuren, Elemente und Schrittmuster gibt, die ganz verschiedene Charaktere haben, unterschiedliches Timing, unterschiedliche Technik und die ganz verschiedene Effekte hervorrufen; so zum Beispiel die Rollen, die eigentlich nicht den Wechsel zwischen Fortbewegung und Stillstand zeigen sollen. Hier trägt das Timing der Schritte *S-Q-Q* dazu bei, die ununterbrochene, rollende Bewegung des Körpers zu ermöglichen, wenn auch das Schrittmuster der Rollen zum Klang des Rhythmus paßt.

Neben den Rollen, die in der Samba unentbehrlich sind, gibt es weitere Bewegungselemente, zum Beispiel die Promenade to Counter Promenade Runs oder Cruzados-Bewegungen, deren Sinn und Zweck eine ununterbrochene, durchgängige Bewegung ist. Solche Bewegungen passen sehr gut zur Samba-Musik. Denn auch in der Musik erscheinen viele Rhythmen, in denen die Schläge fortlaufend schnell aufeinanderfolgen, was der Musik einen weichen, fließenden Charakter gibt.

Kein anderer Tanz vereinigt in seiner Musik so viele und so verschiedene Rhythmen wie die Samba. Diese Vielfalt muß durch unterschiedliche tänzerische Bewegungen erhalten bleiben und deshalb nimmt man gern in Kauf, daß zum Beispiel nicht jedesmal im ersten Taktteil die größere Fortbewegung stattfindet, oder auch, daß nicht jedesmal der zweite Taktschlag akzentuiert wird, ja sogar, daß manchmal Schritte in einem Timing gesetzt werden, welches die Musik gar nicht spielt. Die Rhythmen, die die Musik tatsächlich spielt, sind oft viel zu schnell, um auf jedem Schlag einen Schritt zu setzen. Um der Vielfalt der Samba tänzerisch gerecht zu werden, muß fast von Takt zu Takt das Timing und der Bewegungsrhythmus wechseln.

Dazu trägt das Timing *1-2-3* bei, welches jedoch sehr oft schlecht, um nicht zu sagen falsch getanzt wird. Walter Laird beschreibt die Schlagwerte dazu mit 3/4, 1/2, 3/4. Betrachtet man die Rhythmen der Samba, so findet man diese Aufteilung nicht. Eine Aufteilung, die in der Musik wirklich vorkommt, wäre 3/4, 3/4, 1/2, zum Beispiel im Rhythmus der Claves. Die Absicht, die hinter dem Timing *1-2-3* steckt, ist jedoch nicht, Schritte im Rhythmus der Musik zu setzen, sondern eine gleichmäßig fortlaufende Bewegung zu erzeugen. Die korrekte Beschreibung für das Timing *1-2-3* ist die Aufteilung in die Schlagwerte 2/3, 2/3, 2/3, also wirklich drei zeitlich gleichlange Teile.

Eine der besten Figuren in der Samba, die unterschiedliches Timing und unterschiedlichste Bewegung beinhalten, ist das Zig-Zag und die Spins aus PP oder aus CPP. Das Zig-Zag erfüllt alle Kriterien, die oben für Wischer, Grundschritt oder Botafogo beschrieben sind: das Timing der Schritte *S-a-S*, die daraus resultierende Akzentuierung des zweiten Taktschlages, die Bounce-Aktion im Timing *Q-Q-Q-Q*, den Wechsel zwischen Fortbewegung im ersten Taktteil und stationärer Bewegung im zweiten Taktteil durch die Latin Cross Position. Für die Spins gilt genau das Gegenteil: das Timing der Schritte *1-2-3*, keine Akzentuierung, kein Bounce, kontinuierliche Fortbewegung über beide Taktteile. Kontrastreicher geht es kaum. Wer nun hergeht und tanzt Zig-Zag und Spins im Timing *Q-Q-S-Q-Q-S*, der hat diese Figur ruiniert. Und wer darauf noch eine Volta folgen läßt im Timing *Q-Q-Q-Q-Q-Q-S*, der hat die ganze Samba ruiniert.

Zum Timing *Q-Q-S* sollte noch etwas gesagt werden. Es gibt schließlich einige Figuren bzw. Elemente, für die dieses Timing paßt, zum Beispiel die Plait, *S-S-Q-Q-S*. Bei den Figuren, bei denen *Q-Q* im zweiten Taktteil auftaucht, ist es immer verbunden mit Fußschluß, Latin-Cross, Checks oder Rocks, wodurch eine langsamere Fortbewegung erzeugt wird. Das ist bei der Plait nicht der Fall. Mit dem Timing *Q* wird die gleiche Bewegung ausgeführt wie mit dem Timing *S*. Das führt aber zu einer schnelleren Fortbewegung, und aus diesem Grunde ist bei der Plait *Q-Q* im ersten Taktteil zu benutzen und Timing *S* im zweiten.

Analoges gilt für das Element Cucaracha, welches auch in der Samba durchaus tanzbar ist. Das Timing ist Q-Q-S. Daraus ergibt sich eine geringe Fortbewegung im ersten Taktteil, Fußschluß und stationäre Bewegung im zweiten Taktteil.

Die dritte häufig getanzte Figur, für die Q-Q-S das richtige Timing ist, sind die Samba Locks. Beachte, daß diese Locks sich von den Locksteps aus den Close Rocks oder aus dem Cha-Cha-Cha unterscheiden. Die Unterschiede sind erstens die Drehung im ersten Taktteil, die für die gewünschte Bewegung sorgt, und zweitens die 'Check-ähnliche' Aktion mit dem S im zweiten Taktteil, die für die gewünschte Verlangsamung sorgt. Laird beschreibt diesen Schritt, also Schritt 3 sowie die Schritte 6 und 9 der Samba Locks, nicht als Check, weil das Gewicht vollständig übertragen wird, sondern als 'short step, toe turned out', was einer Check-ähnlichen Aktion entspricht.

Obwohl alle bisher erwähnten Figuren und Elemente mit dem Timing S-a-S, S-Q-Q oder Q-Q-S das Prinzip vom Zusammenhang zwischen Klang und Bewegung erfüllt haben, gibt es auch Basic-Elemente in diesem Timing, die dagegen verstoßen, aber dennoch dazu beitragen, Samba-Musik gut zu interpretieren.

Weitere Elemente, die nicht die Aufgabe haben, den Wechsel in der Fortbewegungsgeschwindigkeit zu zeigen, sind die Cruzados-Bewegungen: die Cruzados-Walks und die Cruzados-Locks, die durch ihre Eigenart für willkommene Abwechslung in der Samba sorgen. Das Timing ist S-S für die Walks und Q-Q-S für die Locks. Doch trotz S-S-Q-Q-S benutzt man nicht die Rumba-Walk-Aktion mit schnellen und gestreckten Beinen oder den Cha-Cha-Cha Lockstep, sondern einen anderen recht komplizierten Bewegungsablauf, der kontinuierliche Fortbewegung erlaubt, obwohl man die Beine beugt und streckt, also bounct.

Eine weitere Bewegung, die es ermöglicht, der Samba ihre Vielfalt zu erhalten, sind die Promenade to Counter Promenade Runs. Für diese Figur ist das Timing 1-2-3, die Schlagwerte also 2/3, 2/3, 2/3 lebensnotwendig, das soll heißen, in einem anderen Timing ist diese Figur überhaupt nicht tanzbar oder sie verliert ihren Sinn. Um diese Figur tanzbar zu machen, darf die Fortbewegung nicht zum Stillstand kommen und genau das, die kontinuierliche Fortbewegung nämlich, ist der Inhalt, der Sinn dieser Figur.

Um diese Fortbewegung zu erhalten, ist also kein Timing tanzbar, welches einen Schritt mit einem ganzen Schlagwert beinhaltet. Aber die Einteilung in die Schlagwerte 3/4, 1/2, 3/4 ist durchaus möglich. Leider wird diese Aufteilung meistens so interpretiert, daß sie für die Gewichtsübertragung gilt, und nicht für das Setzen der Schritte. Der jeweils dritte Schritt wird dann als 'Point', also 'delayed' angesetzt und dann ähnlich einem Cruzados-Walk ausgeführt.

Dabei bleibt die kontinuierliche Fortbewegung erhalten, das heißt, die Figur bleibt tanzbar. Die Chance jedoch neben der Vielfalt der Bewegungen auch die

Vielfalt der Rhythmen zu zeigen, wäre vertan, denn das daraus resultierende, im Setzen der Schritte sichtbare Timing wäre *S-a-S*.

Das Timing *1-2-3* wird außerdem benutzt in sogenannten Drei-Schritt-Drehungen, die hauptsächlich von der Dame getanzt werden, zum Beispiel innerhalb der Promenade to Counter Promenade Runs oder als Eingang in die Samba Locks oder auch, wenn die Dame innerhalb der Linksdrehung eine zusätzliche Drehung tanzt. Auch bei diesen Drehungen sorgt das Timing *1-2-3* für die Kontinuität, die notwendig ist, damit die Figur überhaupt getanzt werden kann. Kontinuierlich ist hierbei nicht die Fortbewegung, sondern die Rotation.

Die große Menge der unterschiedlichen Bewegungsformen in der Samba macht es erforderlich, darüber nachzudenken, wie der Übergang von einer Bewegung zu einer anderen durchgeführt wird, und vor allem, wann das passiert. Es ist bereits an anderer Stelle erläutert worden, daß ein Schritt nicht mit dem Plazieren des Fußes beginnt, sondern mit der Körperbewegung sowie der Bewegung des Schreitbeines. Soll zum Beispiel ein Rumba-Walk getanzt werden, muß die Bein- und Körperbewegung schon vor dem Schrittansatz, also vor dem Plazieren des Fußes, einem Rumba-Walk entsprechend ausgeführt werden. Soll dieser Schritt zum Beispiel auf einem Taktschlag 1 angesetzt werden, muß schon am Ende des vorangegangen Taktes die Körper- und Beinbewegung angepaßt werden. Genau dasselbe gilt, wenn nach einem Rumba-Walk mit einer gebouncten Bewegung weitergetanzt wird. Auch dann muß schon am Ende des vorangehenden Taktes bzw. Taktteils mit der Bounce-Bewegung begonnen werden, um schon den ersten Schritt dieser Bewegung korrekt ausführen zu können. Die Bounce-Bewegung beginnt also nicht mit dem Beugen der Kniegelenke *1-+-2-+*, sondern immer schon am Ende des Taktteils davor mit dem Strecken der Kniegelenke *(2)+-1-+-2*.

An dieser Stelle muß Walter Laird zitiert werden, der die Ansicht vertritt, daß ein guter Samba-Tänzer sich so bewegen muß, wie ein schlechter Boxer. Er meint damit, daß ein schlechter Boxer durch seine deutliche Ausholbewegung dem Gegner zu erkennen gibt, wann er zuschlägt. Es gilt natürlich auch für die Samba-Tänzerin, daß sie den eigentlichen Schritt durch eine entsprechende (Aushol-)bewegung einleitet. Lies nun noch einmal im Kapitel „Die Musikinstrumente" wie der Samba-typische Rhythmus des Schüttelrohres entsteht. Das paßt ja nun 'wie die Faust aufs Auge'.

2.8 Jive, der Tanz

Den Jive tanzt man zum Rhythmus der Musik. Dadurch, daß der Jive-Rhythmus sich nur über einen halben Takt erstreckt, das heißt, alle rhythmischen Muster des Jive können in der ersten wie auch in der zweiten Takthälfte gespielt werden, ist es möglich, daß der Jive Grundschritt sich über anderthalb Takte erstreckt. Wiederum aus Gründen der Phrasierung der Melodie, die gerade im Jive viel Rhythmus enthält, sollte man jedoch versuchen, mit solchen Figuren oder Choreographieteilen, die sich über eine ganzzahlige Anzahl von Takten erstrecken, auf dem Taktschlag 1 zu beginnen und nicht auf Taktschlag 3. Bei Figuren, die sich über anderthalb Takte erstrecken, wie zum Beispiel Basic in Place oder in Fallaway, Change of Place, American Spin, Fallaway Throwaway usw., ist es unerheblich, ob Schritt 1 auf Taktschlag 1 oder auf Taktschlag 3 angesetzt wird.

Eine gute Möglichkeit, den typischen (ternären) Rhythmus des Jive tänzerisch wiederzugeben, bietet das Jive-Chasse, welches nicht umsonst in fast allen Grundschritten mehrfach vorhanden ist. Der Ablauf des Jive-Chasses kann grob in sechs Aktionen gegliedert werden, und zwar:

1. (*1*) Ansatz des ersten Schrittes mit dem Fußballen und gebeugtem Knie
2. (+) Knie beginnt zu strecken, Ferse bewegt sich zum Boden und die Hüfte setzt sich in Bewegung
3. (*d*) Ansatz des zweiten Schrittes
4. (*2*) Ansatz des dritten Schrittes wie bei 1.
5. (+) wie 2.
6. (*d*) Hüfte schwingt vollständig über das lange Standbein

Daraus ergeben sich drei Aktionen pro Taktteil, der durch den Jive-Rhythmus ebenfalls gedrittelt ist. Die Schritte des Chasse werden im Timing *1-d-2* gesetzt, also sind die dazugehörigen Schlagwerte: 2/3, 1/3, 1/1, und das ist ja gerade der Rhythmus, der den Jive von Cha-Cha-Cha, aber auch von Samba, unterscheidet; eben der Grundrhythmus des Jive. Überaus wünschenswert ist es, daß der Rhythmus *1-+-d-2-+-d* auch dann erkennbar bleibt, wenn nicht das Chasse mit seinen drei Schritten in zwei Taktteilen getanzt wird, sondern nur zwei Schritte, jeweils auf den Taktschlägen, gesetzt werden, zum Beispiel die Schritte 1 und 2 des Link.

Bei Rückwärtsschritten, Seitwärtsschritten oder beim Schließen der Füße wird der Bewegungsablauf wie beim dritten Schritt des Chasses ausgeführt. Bei Vorwärtsschritten kann es aus optischen Gründen, und das gilt besonders für die Dame, besser sein, das Bein schon mit dem Schrittansatz zu strecken, bzw. gestreckt zu lassen. Die Gewichtsübertragung realisiert dann das Timing *2-+-d*.

Sehr gut zur Musik passen Variationen der Schritte 1 und 2 des Link, die dazu führen, daß der jeweils erste Taktteil aufgeteilt wird, also z. B.: 'Kick - Rück - Platz', oder 'Kick - Hinterkreuzen - Vor', oder 'Point - Schließen - Vor', usw. Dadurch kommt der Jive-Rhythmus *1-d-2* besser zur Geltung als bei 'Rück - Platz'. Die Schlagwerte für diese Variationen sind also wie beim Chasse: 2/3, 1/3, 1/1.

Ein 'Break' entsteht nun dadurch, daß die jeweils erste Aktion dieser Variationen weggelassen und statt dessen die jeweils letzte Aktion der vorausgegangenen Bewegung (meistens ist es das Chasse) entsprechend langsamer getanzt wird, also zum Beispiel:

(1) Pause, bzw. langsam weiterbewegen (2/3)

(d) Schließen der Füße (1/3)

(2) Vorwärtsschritt (1/1)

Das 'Break' ist eine sehr gute Möglichkeit, den Jive-Rhythmus umzusetzen, denn: wie erwähnt erfolgt in der Jive-Musik eine Akzentuierung auf dem zweiten bzw. vierten Taktschlag, außerdem werden im zweiten bzw. vierten Taktteil die höherklingenden Schläge gespielt. Das 'Break' paßt nun ideal zur Musik, denn erstens entsteht eine Akzentuierung auf dem zweiten Taktschlag durch die Aufteilung des ersten Taktteils in 2/3, 1/3, zweitens wird der jeweils zweite Taktschlag durch die plötzliche Änderung der Geschwindigkeit von Taktteil 1 zu Taktschlag 2 akzentuiert.

Das wiederum paßt nun auch zum Klang des Rhythmus: tiefer Klang und stationäre Bewegung im Taktteil 1 - hoher Klang und Fortbewegung im Taktteil 2.

Daran läßt sich erkennen, daß 'Kick - Rück - Platz' eindeutig die schlechtere Variation ist, im Vergleich zu den Variationen, die mit einem Vorwärtsschritt enden.

Was im 'Break' überaus deutlich wird, trifft jedoch prinzipiell auch für das Chasse zu: die Akzentuierung des jeweils zweiten Taktschlages, also des zweiten und des vierten, durch die Aufteilung des jeweils ersten Taktteils, also des ersten und des dritten, und durch die Änderung der Geschwindigkeit, die beim Chasse allerdings längst nicht so deutlich ist, wie beim 'Break'.

Beachte dabei, daß diese Akzentuierung bzw. die Änderung der Geschwindigkeit nicht durch einen übermäßig großen Schritt 3 des Chasses entsteht, sondern durch eine geringere Fortbewegung oder gar stationäre Bewegung im jeweils ersten Taktteil. Man würde die Akzentuierung dagegen völlig verfehlen, wenn man den ersten Schritt des Chasses um die zweite Bewegungsphase - nämlich Kniestreckung, Ferse zum Boden bewegen und Hüfte in Bewegung setzen - reduziert und statt dessen die Bewegung stoppt. Dann nämlich tritt die Geschwindigkeitsänderung zum zweiten Schritt des

Chasses auf, der damit recht heftig akzentuiert würde: also statt *1-d-2* würde man *1-d-2* tanzen oder ganz und gar neben der Musik mit *1-a-2*.

Wie können nun innerhalb des Chasse die 2, bzw. die 4 besser akzentuiert werden?

In fast allen Grundschritten geschieht das durch eine Rotation auf Taktschlag 2 bzw. 4, also mit dem dritten Schritt des Chasses, zum Beispiel beim Change of Place Right to Left, Change of Place Left to Right, American Spin, Curly Whip oder Spanish Arms. Fast immer ist diese Rotation von der Dame ausgeführt.

Manchmal werden diese Taktschläge auch durch eine Rotation akzentuiert, ohne daß ein Chasse zugrunde liegt, zum Beispiel beim Rolling off the Arm. Um dabei die Akzentuierung der Musik genau zu treffen, muß die Rotation sofort mit dem Schrittansatz getanzt werden, also genau auf Taktschlag 2 bzw. 4, und nicht erst in der zweiten Hälfte des jeweiligen Taktteils, wie man es zum Beispiel bei einer Alemana macht. Das bedeutet aber, daß bei allen Schritten im Jive, die mit einer akzentuierenden Rotation verbunden sind, das Gewicht sofort, also gleichzeitig mit dem Schrittansatz, übertragen wird. Diese Schritte sind dementsprechend sehr klein.

Die Akzentuierung erfolgt also durch die plötzliche Geschwindigkeitsänderung. Dabei muß es sich nicht immer um eine plötzliche Erhöhung der Geschwindigkeit handeln. Die Akzentuierung kann auch durch einen abrupten Stopp realisiert werden, zum Beispiel bei einem für beide Partner überdrehten Change of Place Left to Right, der mit einem Check endet. Diese Figur ist der Standardeingang für den Simple Spin. Andere Figuren, bei denen Akzentuierungen durch den Stop einer Drehung gesetzt werden, sind zum Beispiel die Promenade Walks (Quick), Schritte 3 bis 6 der Dame, oder die Chicken Walks, Schritte 11 bis 14 der Dame. Beide Beispiele, getanzt im Timing *Q-Q-Q-Q*, akzentuieren jeden der vier Taktschläge. Das ist gut so, denn die Musik akzentuiert ja auch nicht nur die Schläge 2 und 4.

Eine weitere Möglichkeit, Schläge zu akzentuieren, sind Kicks. Diese Kicks können als Ersatz für die Chasses eingesetzt werden. (vgl.: Laird, „Technique of Latin Dancing") Zum Beispiel kann an Stelle eines Chasses RLR im Timing *1-d-2* auch getanzt werden:

(1) rechter Fuß schließt zum linken Fuß

(2) Kick mit dem linken Fuß

Dabei wird durch den Kick der zweite oder der vierte Schlag der Musik akzentuiert. Jedoch ist bei diesem Schrittmuster eine akzentuierte Drehung, wie zum Beispiel die der Dame beim American Spin, nicht mehr möglich. Eine andere Kick-Variation ermöglicht akzentuierte Drehungen auf dem zweiten oder vierten Taktschlag, die Kicks selbst jedoch akzentuieren die 1 und die 3. Als Ersatz für das Chasse RLR tanzt man:

(1) Kick mit dem rechten Fuß

(2) rechter Fuß schließt zum linken Fuß

Beide oben beschriebenen Variationen haben den Nachteil, daß durch ihr Timing Q-Q, Schlagwerte 1/1, 1/1, der Jive-typische Rhythmus nicht eingeht.

Eine weitere Variation akzentuiert durch Kicks alle Taktschläge und benutzt eine kleine Abwandlung des Jive-Grundtiming. Statt des Chasse RLR, tanzt man:

(1) Kick mit dem rechten Fuß

(2) Kick mit dem rechten Fuß

(d) rechter Fuß schließt zum linken Fuß

Die Schlagwerte dazu sind: 1/1, 2/3, 1/3. Die letzte Möglichkeit, die hier angeführt sein soll, akzentuiert durch Kicks die 2 und die 4 und benutzt darüber hinaus ein sehr Jive-typisches Timing:

(1) erster Schritt wie beim Chasse (R)

(d) zweiter Schritt wie beim Chasse (L)

(2) Kick mit dem rechten Fuß

(d) rechter Fuß schließt zum linken Fuß

Die Schlagwerte sind 2/3, 1/3, 2/3, 1/3.

Die Möglichkeiten, durch solche Variationen mit Kicks Akzentuierungen zu setzen und rhythmische Vielfalt zu zeigen, werden noch größer, wenn diese nicht das Chasse ersetzen müssen, sondern zum Selbstzweck getanzt werden; meistens wird das dann nebeneinander deckungsgleich getanzt. Guter Jive ist es, wenn bei solchen Kick-Variationen nicht nur die Taktschläge durch die Kicks akzentuiert werden, sondern wenn zusätzlich durch die Schritte, bzw. die Fußwechsel, der ternäre Rhythmus des Jive sichtbar eingeht, wie in den obigen Beispielen.

Ein Timing, welches die Musik geradezu fordert, welches jedoch leider viel zu selten eingesetzt wird, ist *1-d-(2)+*, die Schlagwerte 2/3, 2/3, 2/3, also die tänzerische Aufteilung einer Takthälfte in Vierteltriolen. Eine Bewegung, durch die dieses Timing bereits Zugang zum Jive gefunden hat, ist der Overturned Fallaway Throwaway. Wenn die Dame in ihren Schritten 3 bis 8 nicht Chasse oder Locksteps benutzt, sondern kleine Laufschritte vorwärts, kann sie das Timing *1-d-2-3-d-4*, Schlagwerte 2/3, 1/3, 1/1, 2/3, 1/3, 1/1 nicht mehr benutzen. Sie setzt ihre Schritte dann im Timing *1-d-(2)+-3-d-(4)+*, Schlagwerte 2/3, 2/3, 2/3, 2/3, 2/3, 2/3. Dadurch geht zwar in diesem Takt jegliche Akzentuierung verloren, man erhält aber eine rhythmische Bereicherung und Abwechslung. Darüber hinaus ist dieses rhythmische Muster, die Vierteltriolen, genau so in der Jive-Musik enthalten. Andere Schritte, in denen die Dame dieses Timing benutzt, sind Chasses, in denen sie eine auf dem vorhergegangenen Taktschlag begonnene Rotation weiterlaufen läßt. Beispiele dafür sind die Schritte 14 bis 16 der Spanish Arms, die Schritte 6 bis 8 Change of Place Right to Left with Double Spin, oder die Schritte 8 bis 10 Rolling off the Arm with Double Spin. Die Dame tanzt mit diesen Schritten eine fortlaufende Drehung und somit muß auch das Timing entsprechend sein.

Schrittmuster, die das Timing *1-d-(2)+* deutlicher zeigen als die kontinuierlichen Drehungen, sind solche, bei denen die Schrittansätze akzentuiert sind, zum Beispiel die Damenschritte 3 bis 6 der Promenade Walks (Quick), die problemlos, aber erfolgreich statt im Timing *Q-Q-Q-Q*, also *1-2-3-4*, im Timing *1-d-(2)+-3-d-(4)+*, mit den Schlagwerten 2/3, 2/3, 2/3, 2/3, 2/3, 2/3, getanzt werden können. Die Dame tanzt dann zwei Schritte mehr, der Herr nur *S-S* oder gar keinen Schritt. Wenn der Herr auch Gebrauch von diesem schönen Timing machen möchte, empfehlen sich die Backward Botafogos, die beide Partner gegenüber oder in Seit-bei-Seit Position tanzen können. Diese Botafogos bieten im Jive gleich mehrere Möglichkeiten der rhythmischen Gestaltung, nämlich das 'klassische' Timing *1-d-2*, Schlagwerte 2/3, 1/3, 1/1, welches angewendet werden muß, wenn der Taktschlag 2 akzentuiert werden soll. Ist das nicht der Fall, so läßt sich auch das Timing *1-d-(2)+* benutzen, Schlagwerte 2/3, 2/3, 2/3. Die dritte Möglichkeit, die Backward Botafogos zu timen ist *1-+-d-2-+-d*, mit den Schlagwerten 1/3, 1/3, 1/3, 1/3, 1/3, 1/3. Dabei wird in jedem Taktteil ein Botafogo getanzt, und man setzt die Schritte genau auf den Achteltriolen, die im Jive-Rhythmus ständig erscheinen. Das ist so schnell, daß dabei fast ausschließlich die Füße und Beine bewegt werden. Eine Fortbewegung ist dabei unmöglich. Das ist nun genau das Timing der Körperbewegung in fast allen Jive-Aktionen, und der Botafogo bietet die Möglichkeit diesen Rhythmus auch einmal durch die Schritte wiederzugeben. Dieses Timing 1-+-d-2-+-d wird auch dann benutzt, wenn kleine, schnelle Gewichtsverlagerungen mit geschlossenen Füßen oder auch in offener Fußposition getanzt werden, die eine Bein- und Körperbewegung ähnlich einem Zittern hervorbringen.

2.9 Paso Doble, der Tanz

Der Paso Doble ist etwas Besonderes unter den zehn Turniertänzen. Er wird zum Rhythmus der Musik getanzt, aber nicht so wie Samba oder Jive, die durch die Rhythmen in ihrer Bewegung bestimmt werden. Der Paso Doble ist - mehr als jeder andere Tanz - ein Ausdruckstanz, das heißt, die Rhythmen bzw. die rhythmischen Muster haben zwar Einfluß darauf, wann Schritte gesetzt werden, aber die Körperbewegungen werden im Paso Doble nicht in dem Maße durch den Rhythmus bestimmt wie in den anderen lateinamerikanischen Tänzen.

Zwar werden im Paso Doble durch das Setzen der Schritte die Rhythmen der Musik wiedergegeben, aber genauso wichtig ist die Geschichte, die mit dem Tanz erzählt werden soll: die Geschichte von Torero und Capa oder die Geschichte von Mann und Frau.

Verglichen mit den Grundschritten der anderen Tänze sind die Grundschritte des Paso Doble, zum Beispiel die Sur Place, rhythmisch absolut uninteressant, jedoch zeigt sich schon hier, worauf es beim Paso Doble ankommt: auf den Ausdruck und die Geschichte, wobei beides zuerst einmal durch eine entsprechende Tanz- und Körperhaltung und nicht durch den Rhythmus entsteht.

Die Paso Doble-Musik beschert uns Tänzern ein großes Problem. Paso Doble-Musik steht im 2/4-Takt, der typische Rhythmus erstreckt sich jedoch über vier Viertel, also zwei Takte. Bei manchen Paso Doble-Stücken faßt die Phrasierung jedoch nicht immer nur eine gerade Anzahl von Takten zusammen, also zwei, vier oder acht, sondern manchmal auch drei Takte. Dann ändert sich der Rhythmus, denn das zweitaktige rhythmische Muster beginnt immer von vorn, wenn eine neue Phrase beginnt. Fast alle Grundschritte sind so aufgebaut, daß sie sich über eine gerade Anzahl von Takten erstrecken, zum Beispiel Attack, Fallaway Whisk oder Flamenco Taps über zwei Takte, Huit, Separation oder Fallaway Reverse über vier Takte, Twists oder Travelling Spins from Counter Promenade Position über sechs Takte, La Passe oder Syncopated Separation über acht Takte, die Chasse Capa schließlich füllt zehn Takte aus.

Diese Figuren können dann problemlos, eine direkt nach der anderen, getanzt werden, wenn die Phrasierung der Melodie immer eine gerade Anzahl von Takten zusammenfaßt. Beim 'Espana Cani' und ihm nachempfundenen Musikstücken geht das aber gerade nicht. Um bei solcher Musik ständig korrekt im Rhythmus zu tanzen, müssen die Tänzerinnen und Tänzer achtsam sein, gut auf die Musik hören und entsprechend reagieren, wenn die Phrasierung, und damit der Rhythmus der Musik, sich ändert.

Meistens jedoch ist es genau anders herum. Die Choreographien sind so beschaffen, daß alles paßt, wenn der 'Espana Cani' gespielt wird. Die Paare kommen also ausgerechnet dann in Schwierigkeiten, wenn die Musik 'tanzturniergerecht' spielt, also nicht den 'Espana Cani' mit seinen

Phrasierungs- und Rhythmuswechseln, sondern einen Paso Doble, in dem durchgängig der Rhythmus zwei Takte und die Phrasierung der Melodie vier Takte zusammenfassen. Schade!

Die einfachste Möglichkeit, die Schrittmuster wieder dem Rhythmus anzupassen, ist das Tanzen von zwei Sur Place. Diese füllen einen Takt. Die zweite Möglichkeit sind zwei Schritte der Chasses to Right, also ein Chasse nach rechts. Eine etwas kompliziertere Möglichkeit bietet das Coup de Pique, welches sich über drei Takte erstreckt, jedoch mit einem Fußwechsel verbunden ist. Eine letzte Alternative, die hier erwähnt sein soll, ist die, am Ende einer Figur zwei Schritte wegzulassen, falls dies möglich ist, und damit diese Figur um einen Takt zu verkürzen. Das ist gut möglich beim Promenade Close, der dann nur noch aus zwei Schritten, also einem Takt besteht. Darüber hinaus ist das Promenade Close eine Figur, die recht häufig Anwendung findet.

Die meisten Grundschritte des Paso Doble sind so konzipiert, daß die Schritte genau auf den Taktschlägen plaziert werden. Damit erfährt jeder Taktschlag eine Akzentuierung. Der Klang des Rhythmus ist in beiden, bzw. in allen vier Taktteilen gleich. Deshalb muß im Paso Doble nicht unterschieden werden, in welchen Taktteilen man sich fortbewegt und in welchen nicht. Die beiden grundlegenden Bewegungsformen im Paso Doble, nämlich Sur Place und Gehschritte, können also immer ausgeführt werden. Anders verhält es sich beim Appell, der mit einer starken Akzentuierung verbunden ist und deshalb immer auf dem ersten Taktschlag des jeweils ersten Taktes erfolgen muß, das heißt, auf dem ersten Schlag eines (zweitaktigen) rhythmischen Musters. Bewußte Verschiebungen dieser Akzentuierung sind jedoch möglich.

Häufig wird der Appell schon vor dem Taktschlag 1 getanzt, nämlich zu Beginn der zweiten Hälfte des vorausgegangenen Taktteils, also statt auf 1, mit dem Schlagwert 1/1, dann auf (4)+, mit dem Schlagwert 1/2. Der Schlagwert ist in diesem Falle immer 1/2, denn auf der 1 muß die nächste Aktion folgen. Der Appell auf (4)+ macht keinen Sinn, wenn auf der folgenden 1 eine Pause entsteht. Der Appell auf (4)+ ist besonders dann sinnvoll, wenn die auf der 1 ausgeführte Aktion akzentuiert. Ein Beispiel dafür ist: Appell, Herr mit links, Dame mit rechts, auf (4)+, und Schritt 2 des Coup de Pique (LF to RF) auf 1.

Aber auch dann, wenn das Schrittmuster der Figur in den ersten Schritten unverändert bleibt, macht der Appell auf (4)+ Sinn, denn fast immer folgt auf diesen Schritt am Platz ein Schritt, verbunden mit einer Fortbewegung, welche dann für die notwendige Akzentuierung der *Eins* sorgt. Zum anderen trägt auch hier die Aufteilung des Taktteils vor der *Eins* in 4-+ zu einer Akzentuierung bei.

Eine Figur, die ebenfalls auf diese Art und Weise, nämlich durch die Aufteilung des vierten Taktteils, für eine Akzentuierung der *Eins* sorgt, ist die Chasse Capa, die sowohl rhythmisch als auch von den Ausdrucksmöglichkeiten her, so gut ist, daß sie in keiner Choreographie fehlen sollte, sei es, daß sie in ihrer ursprünglichen Form getanzt wird oder in den unterschiedlichsten Variationen. Andererseits ist die Chasse Capa auch eine gefährliche Figur. Um diese Figur in der Musik zu tanzen, ist es unbedingt erforderlich, daß man mit dem 'Chasse', also den Schritten 4-6, 9-11 und 14-16, auch tatsächlich die durch die Musik häufig akzentuierten Schläge *4-+-1* trifft. Die Chasse Capa ist nicht in der Musik getanzt, wenn das Chasse auf die Schläge *2-+-3*, *3-+4* oder *1-+-2* fällt.

Andere Figuren, die durch die Aufteilung des vierten Taktteils zu einer Akzentuierung der folgenden Eins beitragen, sind die Left Foot Variation, sowie die Syncopated Separation, die jedoch beide den entsprechenden vierten Taktteil nicht wie die Chasse Capa mit *4-+*, Schlagwerte 1/2, 1/2 aufteilen, sondern mit *4-a*, Schlagwerte 3/4, 1/4, was die Akzentuierung der entsprechenden *Eins* verstärkt. Auch bei diesen Figuren ist unbedingt darauf zu achten, daß sie im Rhythmus der Musik getanzt werden müssen, so daß die Akzentuierung auch tatsächlich die *Eins* trifft und nicht die *Drei*.

Bei der Syncopated Separation wird mit den Schritten 9-12, Timing *(4)a-1-a-2*, Schlagwerte 1/4, 3/4, 1/4, 1/1, neben der *Eins* zusätzlich auch einmal die *Zwei* akzentuiert. Beide Akzentuierungen entstehen durch die akzentuierte Aktion auf dem entsprechenden Schlag der Musik, durch den 'Point', sowie durch die Aufteilung des vorausgehenden Taktteils, die dafür sorgt, daß zwei Schritte, bzw. Aktionen sehr schnell aufeinander folgen. Die Akzentuierung in der Left Foot Variation ist durch die Schritte 5 und 6 mit dem Timing *(4)a-1*, Schlagwerte 1/4, 1/1, genauso erzeugt. Darüber hinaus bietet die Left Foot Variation die Möglichkeit, mit einem Appell, wie oben beschrieben, der Herr mit rechts, die Dame mit links, auf (4)+ zu beginnen, und so auch dieser *Eins* eine bessere Akzentuierung zu verschaffen.

Unser Paso Doble wäre recht langweilig, bestünde er nur aus Marschieren und ständigen Akzentuierungen der *Eins*. Deshalb ist es notwendig, auch Figuren oder Variationen zu benutzen, die andere Akzente setzen. Das können sowohl Elemente sein, die weit entfernt sind von Torero, Marsch und Akzent, also zum Beispiel sehr langsame, ausdrucksstarke Bewegungen der Partner miteinander, oder auch Bewegungen aus anderen spanischen Tänzen, beispielsweise dem Flamenco. Es gibt jedoch auch für die Torero-Geschichte typische Figuren, die abwechslungsreiche Akzente setzen. Zum Beispiel die Figur La Passe, in der der Herr durch seine Schritte 7, 10 und 13, die (Takt)schläge 3, 2,und 1, und durch Schritt 16 die *Vier* akzentuiert. Oder die Twists, eine tolle Figur, in der durch Aufteilung der jeweils vorausgehenden Taktteile und durch den Rückwärtsschritt und die damit verbundene akzentuierende Fortbewegung der Dame in den Schritten 7 und 11, abwechselnd die Taktschläge 2 und 1 akzentuiert werden, wenn man die Schritte wiederholt.

Weil sowohl der Grundrhythmus als auch der Grundschritt des Paso Doble so schlicht sind, ist einerseits abwechslungsreiche Musik, wie die des 'Espana Cani', natürlich sehr beliebt. Andererseits ist es erforderlich, auf tänzerische Art und Weise für Abwechslung zu sorgen, wo es sinnvoll und möglich ist. Prinzipiell können im Paso Doble alle Taktschläge aufgeteilt sein, und zwar sowohl Half-Beat, also mit den Schlagwerten 1/2, 1/2, als auch Quarter-Beat, also 3/4, 1/4; die tänzerischen Akzentuierungen können auf andere Schläge fallen als auf die 1. Entscheidend ist erstens, daß das Timing lesbar ist; das bedeutet insbesondere, daß Schritte und Aktionen eindeutig die entsprechenden Schläge der Musik treffen, also daß das Timing und der Rhythmus der Musik zusammenpassen. Zweitens muß das Timing immer so gewählt werden, daß es die gewünschte Darstellung, bzw. den Charakter und den Ausdruck der jeweiligen Variation unterstützt, also daß das Timing und die Dynamik der Bewegung zusammenpassen.

2.10 Tango, der Tanz

Auch der Tango bildet unter den zehn Turniertänzen eine große Ausnahme. Er gehört zu den Standardtänzen, obwohl er aus Südamerika kommt. Und obwohl man sich in geschlossener Tanzhaltung bewegt, tanzt man den Tango zum Rhythmus der Musik und nicht zum Metrum, und das, obwohl es manchmal gar keinen Begleitrhythmus gibt, sondern nur die Melodie.

Daß der Tango zu den Standardtänzen zählt und daß er in geschlossener Tanzhaltung getanzt wird, hat historische Gründe. Der Tango war von den lateinamerikanischen Tänzen unseres Turnierprogramms der erste, der sich in Europa durchsetzte. Er wurde jedoch in Europa um viele rhythmische Bewegungen, wie Drehungen, Kicks und andere Beinaktionen beschnitten (vgl.: Günther/Schäfer, „Vom Schamanentanz zur Rumba").

Offensichtlich wird der Tango immer noch zum Rhythmus getanzt, denn man schwingt dabei nicht. Jedoch schafft der Tango erstens durch die geschlossene Tanzhaltung Probleme, und zweitens dadurch, daß die Tango-Musik nicht im Sinne von Samba oder Rumba polyrhythmisch ist, sondern daß im Tango die Rhythmen in der Melodie, also nacheinander, gespielt werden, und man nie genau weiß, wann welche Rhythmen gespielt werden.

Beim Tango-Tanzen müssen also jene Schläge vorrangig behandelt werden, die immer oder fast immer gespielt oder akzentuiert werden, und das sind genau die Taktschläge. Jeden Schritt im Tango mit dem Timing *Slow* setzt man genau auf einem der Taktschläge an. Besonders hervorzuheben sind die Tango-Gehschritte, die vielen Grundschritten vorangestellt werden, die jedoch auch in vielen Figuren enthalten sind.

Auch im Tango soll die schnelle Aktion der Beine zur Akzentuierung beitragen, und deshalb schwingen die Beine nicht wie in den anderen Standardtänzen, sondern die Aktion der Beine, besonders der Unterschenkel, ist schneller, und damit ist das Plazieren der Füße akzentuiert.

Wenn in einem Taktteil nicht ein einzelner Schritt, *Slow*, getanzt wird, sondern zwei Schritte, *Quick-Quick*, dann wird in fast allen Grundschritten mit dem ersten *Quick*, welcher auf den Taktschlag fällt, eine beschleunigte Aktion, nämlich Vorwärtsschritt, Rückwärtsschritt und Rotation, getanzt. Der zweite *Quick* ist fast immer ein Seitwärtsschritt, mit dem das Bewegungstempo verringert wird, um danach in eine andere Richtung weiterzutanzen; z.B. Progressive Sidestep und Link, Open und Closed Promenade, Basic und Open Reverseturn, Back Corte, Promenade Link usw.

Sehr deutlich wird dieser Unterschied zwischen dem ersten und dem zweiten *'Quick'* im Viererschritt, wo vier Schritte *'Quick'* aufeinanderfolgen. Der erste und der dritte Schritt sind mit Fortbewegung verbunden und bekommen durch entsprechende Standbeinaktion die notwendige Beschleunigung. Der zweite und der vierte Schritt sind seitwärts bzw. geschlossen. Es liegen also nicht vier gleichermaßen akzentuierte Schritte vor. Die Choreographie der Grundschritte ist demnach gemacht für einen 2/4-Takt.

Auch im Tango ist es eine Voraussetzung für das Tanzen in der Musik, die Schritte genau auf die rhythmischen Schläge zu setzen. Der Gewichtstransport bleibt jedoch kontinuierlich. Unterschiedliche Spielweise der Musik, die im Tango durchaus üblich ist, nämlich manchmal fließend gebunden, legato, manchmal kurz und hart, staccato, realisiert man tänzerisch nicht durch abrupte Gewichtsübertragung, sondern zum Beispiel durch die Änderung der Beingeschwindigkeit oder durch entsprechendes Timing anderer Aktionen, zum Beispiel Drehungen oder Rotationen, wodurch die Bewegung den der Spielart der Musik entsprechenden Ausdruck bekommt. So sind sehr gute Tänzer dazu in der Lage, der jeweiligen Tango-Musik entsprechend ihre Choreographie so oder so auszuführen, und das sollte ja eigentlich auch so sein.

Dadurch, daß in der Tango-Musik sämtliche Rhythmen sowohl im ersten als auch im zweiten Taktteil auftreten können, kann prinzipiell jede Figur mit dem ersten Schritt auf dem ersten Taktschlag, aber auch mit dem ersten Schritt auf dem zweiten Taktschlag begonnen werden. Bedingt durch die Betonungen der Melodie, sowie durch die jeweilige Phrasierung, kann es besser sein, den jeweils ersten Schritt einer Figur, eines Choreographieteils, oder den ersten Schritt nach einem Stillstand auf dem ersten Taktschlag zu setzen. Zwingend erforderlich ist es jedoch nicht, das heißt, es kann auch der zweite der beiden Taktschläge sein.

Nun zwei Beispiele für häufig getanzte rhythmische Varianten, die aus unterschiedlichen Gründen nicht benutzt werden sollten:

Das Timing für den ersten Schritt der geschlossenen Promenade, Closed Promenade, ist *Slow*. Das heißt, daß dieser Schritt immer genau auf einem der beiden Taktschläge anzusetzen ist und im Taktteil danach das Gewicht auf diesen Fuß übertragen wird. Das ist gar nicht einfach, aber gut in der Musik. Leider wird dieser Schritt oft zu spät, manchmal aus Unvermögen, manchmal auch beabsichtigt, erst mit dem Beginn der zweiten Taktteilhälfte gesetzt. Das mag auch gar nicht einfach sein, ist aber 'voll am Rhythmus der Musik vorbei', denn dabei fällt der Schritt auf einen Schlag, den die Musik oft nicht spielt. Auf dem Taktschlag - meistens ist es sogar der Taktschlag 1 - fehlt dieser Schritt dann.

Das Timing für einen Link ist *Q-Q*, Schlagwerte 1/2, 1/2. Im Glauben, besonders gut in der Musik zu tanzen, wird oft das Timing des vorhergehenden Schrittes um den Schlagwert 1/4 verkürzt, und in dieser Zeit versucht man den ersten Schritt des Link zu tanzen, der damit das Timing *(S)a-S*, Schlagwerte 1/4, 1/1, erhält. Wenn dieses nicht gerade ein absolutes Weltklasse-Paar versucht, so bringt es sich mit diesem Timing in arge Probleme, denn die Dame hat nun nicht mehr die Zeit, die sie haben muß, um auf ihrem rechten Fuß zu drehen und sich dann gemeinsam mit dem Herrn weiterzubewegen. Das heißt, diese Variation des Timings im Link ist aus technischen Gründen nicht empfehlenswert. Es gibt genügend andere Möglichkeiten, Schritte mit solchem oder ähnlichem Timing zu versehen. Das ist sogar notwendig, um den Tango-Rhythmen gerecht zu werden.

Nun ein paar Beispiele für tänzerische Wiedergabe von Quarter-Beat-Rhythmen:

Die Basic Reverse Turn, oft auch Wiener Walzer Linksdrehung genannt, hat ursprünglich das Timing Q-Q-S-Q-Q-S, Schlagwerte 1/2, 1/2, 1/1, 1/2, 1/2, 1/1, ist jedoch auch tanzbar in dem Timing Q-Q-+-Q-Q-+, Schlagwerte 1/2, 1/4, 1/4, 1/2, 1/4, 1/4, und sie wird ja auch meistens so getanzt.

Der Brush Tap bietet mit seinem Timing Q-Q-+-S, Schlagwerte 1/2, 1/4, 1/4, 1/1, die Möglichkeit, einen Quarter-Beat-Rhythmus wiederzugeben.

Der Five Step kann statt Q-Q-Q-Q-S, Schlagwerte 1/2, 1/2, 1/2, 1/2, 1/1, auch S-a-S-a-S, Schlagwerte 3/4, 1/4, 3/4, 1/4, 1/1, die geschlossene Promenade, statt S-Q-Q-S, Schlagwerte 1/1, 1/2, 1/2, 1/1, auch zum Beispiel als Skating Lock mit dem Timing S-Q-Q-+, Schlagwerte 1/1, 1/2, 1/4, 1/4, getanzt werden.

Als letztes Beispiel für Quarter-Beat-Aufteilungen sei das Chasse gegeben, welches in der 'Technik' nach Schritt 5 der Chase empfohlen wird. Das Timing ist Q-+-Q, die Schlagwerte 1/4, 1/4, 1/2.

Bei allen Beispielen, mit Ausnahme des Chasses, ist die Aufteilung der Schritte in den Taktteilen so, daß ein Schritt mit dem Beginn des vierten Viertels gesetzt wird, die Schlagwerte in diesen Taktteilen sind also 3/4, 1/4, oder 1/2, 1/4, 1/4, und das paßt gut zur Musik. Allgemein paßt im Tango das Timing Q-Q-+ besser zur Musik als Q-+-Q, soweit es technisch möglich ist.

VI. Anhang

1. Was tanzt man?

Vielleicht klingt diese Frage zunächst etwas verwunderlich. Aber man wird verstehen, was gemeint ist, wenn man ein Tanzturnier besucht, und beobachtet, was passiert, wenn der Turnierleiter die Paare zum Paso Doble auf die Fläche bittet. Es wäre doch dann wünschenswert, die Paare Paso Doble tanzen zu sehen. Meistens jedoch tun sie das nicht! Sie tanzen bestenfalls 'Espana Cani', oft noch nicht einmal das, sondern sie spulen nur ihre Choreographie herunter. Das passiert bei den anderen Tänzen genauso, doch beim Paso Doble fällt es am ehesten auf, nämlich dann, wenn nicht 'Espana Cani' gespielt wird.

Zunächst sollen Antworten auf die Frage gegeben werden: Was könnte man tanzen?

Zum Beispiel: einen Hockeystick, einen Forward Walk Turning, einen Throwaway Oversway, einen Quickstep, ein Bild, ein bestimmtes Musikstück, ein Gefühl, Starlight Express, die große Diagonale, eine Choreographie, ein Thema, eine Geschichte, eine Aussage oder einen Wunsch, Schwanensee.

Wir tanzen **Tänze**, nämlich die zehn Turniertänze. Alles, was wir lernen und trainieren, Rumba-Walk, Bounce, Heben und Senken, Kreisel oder Link, benutzen wir, um den entsprechenden Tanz tanzen zu können. Im Tanzunterricht mit Anfängern, besonders mit Kindern, ist es jedoch wichtig, nicht Tänze beizubringen, sondern **Tanzen**. Wer tanzen kann, kann auch Tänze tanzen, aber wer eine Choreographie kann, der kann noch lange nicht tanzen!!

Die Frage, was man tanzt, hat großen Einfluß darauf, wie man mit der Musik umgeht. Wenn man zum Beispiel ein bestimmtes Musikstück tanzen möchte, so wird man seine Bewegungen dem Takt, dem Rhythmus, der Phrasierung, der Stimmung, dem Thema usw. des Musikstückes genau anpassen, z.B. 'Ententanz' oder 'Espana Cani'.

Wenn man ein bestimmtes Thema oder gar eine Geschichte tanzen möchte, so wird man sich Musik aussuchen, die mit dem Thema verbunden ist, bzw. eine Musik, die durch ihre Stimmungswechsel den Verlauf der Geschichte untermalt und die tänzerischen Bewegungen werden sich am Thema selbst oder an der Darstellung der Geschichte orientieren, aber nicht unbedingt an Takt und Rhythmus.

Wenn wir nun einen Tanz tanzen möchten, z.B. den Jive, dann werden wir eine Musik aussuchen oder bekommen, die Jive ist. Wir werden Bewegungen oder Choreographien trainiert haben, die Jive sind. Doch wenn wir dann loslegen, dann tanzen wir genau den Jive, den wir gerade hören.

In allen Tänzen müssen die Paare lernen, nicht die Choreographie um ihrer selbst willen zu tanzen, sondern die Choreographie zu benutzen, um den Tanz zu tanzen bzw. das, was gerade zu hören ist. Das soll nicht bedeuten, daß ein Paar zwangsläufig zu jeder Rumba-, Tango- oder Slowfox-Musik die Choreographie völlig anders vorträgt. Ganz im Gegenteil: es ist wichtig, daß es den Paaren zunächst gelingt, ihre Bewegung zu jeder Musik mit der gleichen Qualität vorzutragen. Wenn die Paare jedoch ihre Choreographie beherrschen und die notwendigen technischen Fähigkeiten erlangt haben, dann müssen sie lernen zu tanzen, nicht die Technik, nicht die Choreographie, sondern den Tanz. Und dazu gehört es, daß man sich der Musik bewußt ist und jedesmal wieder neu zuhört.

Wie man die Musik umsetzt, ist davon abhängig, was man tanzt. In anderen Bereichen des Tanzens, zum Beispiel Ballett oder Jazztanz wird auf andere Art unterschieden, wie man zur Musik tanzt. Dabei findet sich in anderen Worten einiges von dem wieder, was im Kapitel „Wie tanzt man zur Musik?" beschrieben worden ist, jedoch auch einiges, was über die Grundbewegungen unserer Tänze weit hinausgeht, aber dennoch auch im Standard- oder Lateintanzen vorkommt.

In dem Buch „Gymnastik / Tanz" von Helmi Vent und Helma Drefke wird folgende Einteilung getroffen, wie man Musik in Bewegung umsetzen kann:

a) kongruent, was bedeutet, daß man jeden Ton, jede Facette der Musik durch Bewegung wiedergibt. Das entspricht wohl dem, was beim Kürtanz oder beim Formationstanz gemacht wird.

b) analog, was bedeutet, daß bestimmte Punkte der Bewegung mit bestimmten Stellen der Musik immer wieder zusammentreffen. In der Phrasierung zu tanzen entspricht dann wohl dieser analogen Umsetzung. Im Takt oder im Rhythmus zu tanzen wäre zwischen kongruent und analog einzuordnen, wobei das Tanzen im Rhythmus der kongruenten Umsetzung näher kommt als das Tanzen im Takt. Wesentlich interessanter jedoch sind die beiden folgenden Umsetzungsmöglichkeiten.

c) kontrastierend, was bedeutet, daß man eine der Musik eher entgegengesetzte Bewegung ausführt. Auch das kommt innerhalb der zehn Turniertänze vor, meistens in Relation zum Tempo. Zum Beispiel eine Pirouette der Dame in der Rumba über mehrere Takte oder ein Throwaway Oversway oder Hover im Quickstep.

d) autonom, was bedeutet, daß man Bewegungen ausführt, die vordergründig unabhängig von der Musik zu sein scheinen, also die Musik ignorieren, daß die Tänzer sich dessen aber sehr wohl bewußt sind und so eine ganz besondere Beziehung zwischen ihrer Bewegung und der Musik schaffen.

Leider ist es häufig der Fall, daß die Turniertänzer die Musik völlig ignorieren und sich dessen nicht bewußt sind. Manche Quicksteptänzer greifen oft auf ihre eigene Art der analogen Umsetzung zurück, was dazu führt, daß sie nur kurz zu

Beginn jeder langen Seite mit ein oder zwei Schritten im Kreisel die Musik treffen, sich ansonsten aber recht autonom bewegen. Um die zehn Turniertänze zu verstehen und sie zu erlernen, muß man sich zunächst darüber im klaren sein, was es bedeutet, im Takt und im Rhythmus zu tanzen, denn das ist elementar und durchaus anspruchsvoll. Wenn diese Grundlagen vorhanden sind, dann kann die aktuell gespielte Musik die Bewegungsausführung spontan beeinflussen.

2. Die Atmosphäre eines Tanzes

Zum Tanz gehört also mehr, als eine passende Choreographie und die entsprechende Technik. Genauso gehört zur Musik mehr, als Takt, Rhythmus und Tempo. Neben diesen Dingen ist jeder Tanz mit einer charakteristischen, jedoch schwer zu beschreibenden Atmosphäre verbunden. Damit die Tänzer diese Stimmung, dieses Gefühl beim Tanzen empfinden und in ihre Bewegung hineingeben können, muß auch die Musik diese Stimmung haben. Musikstücke, die diese Atmosphäre nicht vermitteln, sind für Turnier und Training unbrauchbar.

Es ist unmöglich, eine Samba zu tanzen zu einer klassischen Melodie von Mozart oder Bach. Genauso unmöglich ist es, Paso Doble oder Tango zu aktueller Discomusik zu tanzen, auch wenn sie durch einen entsprechenden Rhythmus vom Computer unterlegt ist.

Beispiele für Musikstücke, die vielleicht für eine Tanzparty ganz witzig sind, die sich jedoch für Training und Turnier überhaupt nicht eignen, sind: 'Football's coming home', 'Bonanza', 'Kein Schwein ruft mich an', 'Toccata und Fuge'.

Auch wenn es schwierig sein mag, die Atmosphäre eines Tanzes in Worte zu fassen, kann man doch sagen, daß die oben genannten Beispiele uns nicht in die gewünschte Stimmung versetzen. Dabei muß man jedoch berücksichtigen, daß die Stimmung auch von persönlichen Faktoren abhängig ist. So wird vielleicht ein Paar, welches die deutsche Sprache nicht versteht, die Atmosphäre von 'Kein Schwein ruft mich an' als durchaus Tango-typisch und angenehm empfinden. Dagegen kann ein Paar, welches 'Love and Marriage' nur aus der Fernsehserie mit 'Al Bundy' kennt, dabei vielleicht kein Slowfox-Gefühl mehr entfalten, obwohl das Stück einwandfrei ist.

3. Auswahl von Musikstücken

Egal, ob Tanzparty, Unterricht, Training oder Turnier, die Auswahl der Musik sollte mit größter Sorgfalt getroffen werden. Ganz besonders bei der Musikauswahl für Tanzturniere ist es wichtig, daß derjenige, der für die Musik verantwortlich ist, etwas von Tanz und Musik versteht, und darüber hinaus in der Lage ist, aus der geeigneten Musik das auszuwählen, was für die Menschen, die dazu tanzen sollen oder möchten, das Beste ist. Für einen Schülertanzkurs muß sicherlich andere Musik aufgelegt werden, als bei einem Seniorentanztee. Genauso wird man unter Umständen für ein Junioren-D-Turnier andere Musik auswählen als für die Hauptklasse-S. Trotzdem gibt es natürlich viele Platten, CDs bzw. Musiktitel, die man zu jedem Zweck einsetzen kann.

Bei der Musik für ein Turnier ist folgendes besonders zu beachten:
Derjenige, der die Musik aussucht und auflegt, muß jedes Stück kennen und nach Möglichkeit sollte er selbst dazu schon einmal getanzt haben. Es reicht nicht aus, sich anhand des Platten-Covers zu informieren, welcher Tanz für das jeweilige Musikstück empfohlen wird und welches Tempo dort angegeben ist. Vor der erstmaligen Benutzung einer Platte für ein Turnier muß das Tempo kontrolliert, also die Takte in einer Minute nachgezählt werden. Es ist empfehlenswert, wenn nicht sogar erforderlich, daß die Musik für Turniere von Trainern oder Turniertänzern ausgewählt wird, also von Personen, die zu allen gespielten Titeln selbst schon getanzt haben. Leider ist das momentan bei vielen Tanzturnieren nicht so. Laut TSO sind der Turnierleiter und der Beisitzer verantwortlich für eine sportgerechte Turniermusik. Deshalb ist von beiden größte Aufmerksamkeit gefordert, ganz besonders dann, wenn für jede Gruppe ein anderer Titel aufgelegt wird. Es ist nicht nur darauf zu achten, daß das Tempo stimmt, sondern auch darauf, daß die gespielten Titel überhaupt für den gewünschten Tanz geeignet sind, und daß alle Gruppen einer Runde ähnliche, d.h. vergleichbare Musikstücke bekommen. Dazu zwei Beispiele:

Die Samba 'Soy' (CD: 'The Latin Challenge') und die Samba 'Placeres De Amor' (CD: 'Latin Obsession') sind beide turniergeeignet. Doch in einem Turnier kann man diese beiden Titel nicht für zwei Gruppen der gleichen Runde spielen, wenn die Vergleichbarkeit der Leistungen gewahrt bleiben soll. Das Gleiche gilt für die Langsamen Walzer 'The Inner Light' (CD: 'Ballroom Magic') und 'Sam' (CD: 'Ballroom Classics One'). Diese sind auch beide hervorragend, aber sie passen nicht zusammen.

Auch bei der Musikauswahl für das Training sollte man nicht planlos zur Sache gehen. Die Sorgfalt bei der Musik für das Training fängt schon beim Aufwärmen an. Zum Beispiel muß man darauf achten, daß zum Laufen Musik aufgelegt wird, zu deren Tempo man auch laufen kann. Discomusik ist meistens ungeeignet! Wenn beim Aufwärmen Musik benutzt wird, die im Tempo nicht zu den Bewegungen (Laufen, Springen, Gymnastik) paßt, dann zwingt man sich bzw. die trainierenden Paare dazu, die Musik zu ignorieren, und das ist schlecht. Besonders beim Anfänger- und Kindertraining muß darauf geachtet werden, daß alles zur Musik paßt!

Beim Techniktraining spielt die Musikauswahl eine große Rolle. Die Musik soll das Trainingsziel unterstützen, das heißt, sie soll den Tänzern aufzeigen, daß es sinnvoll ist, sich so zu bewegen, wie der Trainer es verlangt. Die Musik soll es den Tänzern erleichtern, die Bewegung so auszuführen, wie der Trainer es wünscht, und das betrifft nicht nur das Tempo. Auch dazu zwei Beispiele:

Wenn im Cha-Cha-Cha an der Verbesserung der Körperbewegung gearbeitet wird, dann sind Musikstücke wie 'Me Gusta Estar Viva' (CD: 'The Latin Challenge') oder 'Guantanamera' (CD: 'Fiesta For Two') gut geeignet. Wenn dagegen die Geschwindigkeit der Beine verbessert werden soll, kann man dazu Musik wie 'Tequila Bang' (CD: 'Todo Latino') eher gebrauchen.

Die beiden Tangos 'Sombras' (CD: 'the best II') und 'Por Un Cabesa' (CD: 'Ballroom Swing') passen zu ganz unterschiedlichen Trainingsthemen. 'Sombras' ist ideal, wenn es um akzentuierte Bewegungen geht, 'Por Un Cabesa' ist zum Beispiel dann besonders gut, wenn Haltung, Balance oder Gewichtstransport verbessert werden sollen.

In jedem Tanz gibt es für jedes Trainingsthema besser oder schlechter geeignete Musiktitel und sowohl die Trainer als auch die Paare sollten das beachten, denn das ist ein Schritt auf dem Weg zur Musikalität!

4. Anzählen, Mitzählen und Mitdenken

Für Tanzlehrer und Trainer, insbesondere aber für Tanzschüler, also Anfänger, ist das Anzählen wichtig. Erfahrene Tänzer haben mit der Zeit oft ein Gefühl für die Musik entwickelt, welches es ihnen ermöglicht, mit dem Tanz zu beginnen, ohne vorher mitzuzählen. Jedoch auch für diese Tänzer ist es besonders im Training oft erforderlich, Rhythmen der Musik oder das Timing von Schritten oder Bewegungen mitzuzählen oder mitzudenken, um sich die Bewegungsabläufe bewußt zu machen, oder um sie mit der Musik, mit dem Partner oder innerhalb des eigenen Körpers zu synchronisieren.

Am besten geeignet ist das An- oder Einzählen mit Zahlen von 1 bis 3, 1 bis 4, oder 1 bis 6, der Taktart und dem Tempo der Musik entsprechend. Ein Anzählen mit Worten, wie zum Beispiel: *An - fang - und*, oder *Ach - tung - Start* oder sonstigen ist ungeeignet, weil dabei der direkte Bezug zur Musik, bzw. zu den Taktschlägen der Musik fehlt. Folgende Methoden des Einzählens sind sinnvoll:

Langsamer Walzer: Zählen der Taktschläge eines Taktes, '*1 2 3*', und plaziere den ersten Schritt, den Vorschritt, auf 3.

Tango: Zählen der vier Achtel im 2/4-Takt, also vier *Quick*, '*1 2 3 4*', und plaziere den ersten Schritt auf der nächsten 1.

Wiener Walzer: Zählen der Taktschläge über zwei durch die Phrasierung verbundener Takte, '*1 2 3 4 5 6*', und plaziere den ersten Schritt auf der nächsten 1.

Slowfox: Zählen der Taktschläge eines Taktes, '*1 2 3 4*', und plaziere den ersten Schritt, den Vorschritt, auf der 4.

Quickstep: Zählen der vier Schwerpunkte über zwei durch die Phrasierung verbundener Takte, also vier *Slow*, '*1 2 3 4*', und plaziere den ersten Schritt, den Vorschritt, auf der (Zählzeit) 4.

Samba: Zählen der vier Taktschläge über zwei durch den Rhythmus verbundener Takte, '*1 2 3 4*', und plaziere den ersten Schritt auf der nächsten 1.

Cha-Cha-Cha: Zählen der vier Taktschläge eines Taktes inklusive der Cha-Cha-Cha-typischen Aufteilung des vierten Taktteils, '*1 2 3 4 +*', und plaziere den ersten Schritt auf der nächsten 1.

Rumba: Zählen der vier Taktschläge eines Taktes, '*1 2 3 4*', und plaziere den ersten Schritt auf der 4.

Paso Doble: Zählen der vier Taktschläge über zwei durch den Rhythmus verbundener Takte, '*1 2 3 4*', und plaziere den ersten Schritt auf der nächsten 1.

Jive: Zählen der vier Taktschläge eines Taktes, '*1 2 3 4*', und plaziere den ersten Schritt auf der nächsten 1.

Auch im Anfängerunterricht ist es sinnvoll so einzuzählen, jedoch sollte dort der jeweils erste Schritt immer auf der nächsten 1 plaziert werden. Aller Erfahrung nach fällt das leichter. Darüber hinaus macht der Vorschritt sowieso keinen Sinn, wenn man ohne Schwung tanzt. Auch in der Rumba fällt der Anfang auf der 1 mit einem Startschritt leichter als auf der 4. Es ist jedoch nicht einzusehen, warum manche Tanzlehrer die Rumba mit einem falschen Timing unterrichten, also *Slow - Quick - Quick*, womit dann immer auf der 1 ein Schritt gesetzt wird. Andererseits ist nicht nötig, Anfänger mit dem korrekten Timing der Rumba, *2 - 3 - 4*, zu quälen. Wenn sie es falsch machen, ist es ja auch nicht schlimm. Man muß aber denen, die es richtig machen könnten, von Anfang an ermöglichen, richtig zu tanzen.

Zählweisen zum Mitzählen sind im Kapitel über den Rhythmus bereits vorgestellt, bzw. besprochen worden. Diese dienen meistens nur dazu, das Timing der Schritte anzugeben. Häufig jedoch wird das Mitzählen benutzt, um weitere Informationen zu geben oder in Erinnerung zu rufen. Man sagt im Mitzählen oft die zu tanzenden Figuren an, zum Beispiel: *Rechts - dreh - ung - Ü - ber - gang - Links - dreh - ung* . Manchmal wird auch angesagt, wohin die Schritte zu setzen sind, zum Beispiel: *rück - seit - schluß - vor - seit - schluß* . So lassen sich viele Anweisungen in das Mitzählen verpacken. Der Mitzähler muß jedoch darauf achten, daß sein Zählen zur Musik paßt und dem Tänzer das Tanzen zur Musik erleichtert. Beachte auch das Kapitel über das Metrum und das Singen.

Selbst die einfache Zählweise mit *Slow* und *Quick* ist nicht immer optimal. Besonders bei den langsamen Standardtänzen, Slowfox und Tango, kann es förderlich sein, anstelle des kurzen Wortes *Slow*, ein anderes Wort mit zwei Silben zu benutzen, zum Beispiel *Langsam* oder *Slowly*. Völlig ungeeignet zum Beispiel ist auch die oft benutzte Zählweise, die anstelle von *Slow* und *Quick* die Worte *Lang* und *Kurz* benutzt. Zu häufig führt das dazu, daß Tänzer glauben, sie müßten dementsprechend lange oder kurze Schritte machen. Ebenso muß natürlich auch bei der Benutzung von *Slow* und *Quick* beachtet werden, daß die Bewegung bei *Slow*, *Slowly* oder *Langsam* nicht zwangsläufig langsam und bei *Quick* nicht unbedingt schnell sein muß. Diese Zählweise gibt zunächst nur das Timing an. Mit welcher Geschwindigkeit oder mit welcher Dynamik die Bewegung ausgeführt werden soll, kann der Zählende dadurch zum Ausdruck bringen, wie er die Worte ausspricht.

Generell können natürlich viele unterschiedliche Zählweisen benutzt werden und gut sein. Wichtig ist, daß Zähler und Tänzer wissen, was gezählt wird und die gewählten Worte gleichermaßen verstehen. Wichtig ist auch, daß diese Worte tatsächlich dem gewünschten und gezählten Rhythmus entsprechen. Zum Beispiel die Promenade to Counterpromenade Runs in der Samba werden oft gezählt mit „*1-2-3*", wobei der Zähler jedoch das Timing '*Q-Q-S*' benutzt, also etwa „*1-2-3-(4-)1-2-3*" oder der Link im Tango wird gezählt „*Q-Q*", aber das Timing, in dem gesprochen wird ist tatsächlich '*a-S*'. Wenn so mitgezählt wird, dann hilft das den Tänzern nicht dabei, ihr Timing zu finden, und erst recht nicht, ihren Bewegungsrhythmus zu verbessern.

Turniertänzer sollten eine Zählweise wählen, die sich möglichst eng an der Musik orientiert. Es ist wichtig, daß auch Turniertänzer die Bewegungen mitzählen, zum Beispiel um Bewegungen im Paar aufeinander abzustimmen, oder für das 'mentale Training'. Oft ist ein lautes Mitzählen nicht nötig, aber ein Mitdenken der Zählweise kann hilfreich sein, um das Gefühl für den entsprechenden Tanz zu erhalten, denn oft ist man gezwungen, ohne die Musik zu trainieren.

Eine Zählweise ist optimal, wenn sie dem Rhythmus der Musik und dem Rhythmus der Bewegung entspricht und so nicht nur den zeitlichen Ablauf von Aktionen beschreibt (Timing), sondern auch Höhen, Tiefen, Akzentuierungen, Räumlichkeit, Geschwindigkeiten, Krafteinsatz, usw. (Dynamik). Diese Zählweise ist dann der 'Sound' der Bewegung.

Die Tänzer können dann den Sound ihrer Bewegung, und damit die Bewegung selbst, ändern, ohne das Timing zu verändern. Dabei ist immer wieder zu prüfen, ob der Sound der Bewegung und der tatsächliche Klang der Musik noch gut zusammenpassen. Dazu ein Beispiel aus der Samba: eine Volta mit dem Timing 'S-a-S-a-S-a-S'. Es gibt unterschiedliche Möglichkeiten, die Volta zu tanzen: entweder schwer, satt, voluminös und rund und man zählt dann entsprechend:

bum e tik ke dong e tik ke dung e tik ke dung tik

Oder bei einer Ausführung auf kleinem Raum, gehemmt, leicht und dennoch akzentuiert, zählt man vielleicht:

tik ke tik A   tik ke tik A   tik ke tik A   tik   tik

Soll die Bewegung schnell und direkt sein, so zählt man eher:

TZAKke ti TAKkk   ti TAKke   ti TAK um

Auch bei gleichbleibendem Timing besteht also die Möglichkeit, der Bewegung unterschiedliche Rhythmen zu geben. Durch das entsprechende Mitzählen bzw. Mitdenken wird die Verbindung zwischen dem Bewegungsrhythmus, also Timing und Dynamik, und der Musik geschaffen.

Auch für die Tänze, die im Takt getanzt werden, ist es sinnvoll anders mitzuzählen als nur das Timing der Schritte. Der Sound der Bewegung entspricht dem Gefühl für Schwung und Geschwindigkeit, für Heben und Senken, Leichtigkeit und Gewicht, für Festhalten und Loslassen.

Als Tanzlehrer und als Trainer muß man seine Zählweise dem tänzerischen Niveau seiner Paare anpassen, und so wählen, daß die Aufmerksamkeit auf das gelenkt wird, was gerade verbessert werden soll.

VII. Nachwort

Es soll Autoren geben, die ihr Buch in einer Nacht im Hotelzimmer niederschreiben konnten, und solche, deren Bücher sich von selbst geschrieben haben. Dieses Buch hat sich nicht von selbst geschrieben, und es ist auch nicht in einer Nacht entstanden. Dieses Buch hat mich viel Mühe, Arbeit und sehr viel Zeit gekostet. Ich kann nur hoffen, daß diese Mühe nicht vergebens gewesen ist.

Walter Laird hat gesagt, wenn jemand etwas zum ersten Mal macht, so macht er Fehler. Ich habe hiermit zum ersten Mal so etwas gemacht, und ich glaube, daß dies das erste Buch ist, welches die Musik und den Tanz in ihren Zusammenhängen derart beschreibt. Ich wünsche mir, daß ich nicht zu viele Fehler gemacht habe. Doch selbst wenn dem so sein sollte, bin ich mir sicher, daß ich viele Tänzer dazu angeregt habe, sich Gedanken über Musik und Bewegung zu machen.

Ich würde mich sehr freuen, wenn möglichst viele dieser Tänzer mich auch an ihren Gedanken teilhaben ließen. Ich bin also dankbar für jede Kritik, jede neue Idee, jeden Verbesserungsvorschlag und jeden neuen Aspekt, den ich vielleicht nicht berücksichtigt habe.

Am Ende möchte ich es nun nicht versäumen, all denen aufs herzlichste zu danken, die mich bei meiner Arbeit unterstützt haben, die mir geholfen haben und denen, die mich überhaupt erst dazu gebracht haben, mit dieser Arbeit zu beginnen, bzw. sie weiterzuführen und zu beenden.

Mein ganz besonderer Dank gilt meinen Eltern, Wilma und Helmut Schmidt, die mir durch ihre Hilfe, ihren Rat und ihre Unterstützung in allen Lebenslagen ermöglicht haben, diesen Beruf zu wählen und dieses Buch zu schreiben.

November 1995

Udo Schmidt

VIII. Literatur- und Quellenverzeichnis

dtv-Atlas zur Musik
Band 1, 15. Auflage, München 1994
Band 2, 8. Auflage, München 1994

Günther, Helmut und Schäfer, Helmut:
Vom Schamanentanz zur Rumba, Die Geschichte des Gesellschaftstanzes, 2. Auflage, Stuttgart 1975

Hofmann, Siegfried:
Das große Buch für Schlagzeug und Percussion, Bonn 1994

Howard, Guy:
Technique of Ballroom Dancing, Auflage 1992

Imperial Society of Teachers of Dancing:
The Revised Technique of Latin American Dancing, 5. Auflage, London 1983

Imperial Society of Teachers of Dancing:
The Ballroom Technique, (überarbeitete Ausgabe der Revised Technique von Alex Moore), London 1993

Kohlmann, Andreas:
Percussion Africa-Brazil-Cuba, Bonn

Konrad, Rudolf:
Rhythmus-Metrum-Form, Frankfurt am Main 1979

Laban, Rudolf von:
Die Kunst der Bewegung, Wilhelmshafen: Noetzel, 2. Aufl. 1996

Laird, Walter:
Technique of Latin Dancing, Auflage 1988

Lonardoni, Andreas und Morales, Garcia
Bass und Drums in der Tanzmusik, Köln 1988

Marron, Eddy:
Die Rhythmik-Lehre, überarbeitete Auflage, Brühl 1991

Moore, Alex:
Ballroom Dancing, 9. Auflage, London 1986

Moore, Alex:
Gesellschaftstanz, 12. Auflage, Stuttgart 1986

Moore, Alex:
The Revised Technique, 10. Ausgabe, London 1982

Otterbach, Friedemann:
Die Geschichte der europäischen Tanzmusik, Einführung,
3. Auflage, Wilhelmshaven 1991

Schülerduden 'Die Musik'
2. überarbeitete Auflage, Mannheim 1989

Silvester, Victor:
Modern Ballroom Dancing, überarbeitete Ausgabe, London 1993

Stuber, Herbert und Ursula:
Wörterbuch des Tanzsports, München 1990

Sulsbrück, Birger:
Latin-American Percussion, deutsche Ausgabe, Berlin 1991

Vent, Helmi und Drefke, Helma
Gymnastik / Tanz, Cornelsen Verlag, Berlin 1994

Ziegenrücker, Wieland:
Allgemeine Musiklehre, VEB Deutscher Verlag für Musik, Leipzig 1977

Ziegenrücker, Wieland:
Die Tanzmusikwerkstatt, 2. Auflage, VEB Deutscher Verlag für Musik Leipzig und Harth Musik Verlag Leipzig 1972